DIE FRAGE DES TAGES /
THE QUESTION OF THE DAY

NICOLAUS SCHAFHAUSEN
JULIA MORITZ

Sternberg Press

INHALT / CONTENT

DIE FRAGE DES TAGES /
THE QUESTION OF THE DAY

—

NICOLAUS SCHAFHAUSEN, JULIA MORITZ

Entspricht eine Kunsthalle noch den heutigen Anforderungen und Bedürfnissen zeitgenössischer Kunstvermittlung und der Präsentation von Kunst? Diese Ausgangsfrage stellte sich das Gründungsteam der European Kunsthalle, einer aus Protesten gegen den Abriss der Josef-Haubrich-Kunsthalle in Köln im Jahr 2004 entstandenen Plattform für internationale Gegenwartskunst und aktuelle kunstwissenschaftliche Diskussionen, von Juni 2005 bis Mai 2007. Statt einer einfachen Antwort und daraus abzuleitenden kulturpolitischen Entscheidungen, zerlegten wir diese produktive Problematik in einzelne Fragestellungen und setzten auf die kooperative Zusammenarbeit mit internationalen KünstlerInnen, KuratorInnen, KritikerInnen, GaleristInnen und TheoretikerInnen. Im Rahmen jener konzeptionellen Vernetzung und Dezentralisierung entstand das Projekt „Die Frage des Tages". Ziel der sich während der zweijährigen Gründungsphase auf der Homepage www.kunsthalle.eu entwickelnden Idee war es, die Rolle der Kunst innerhalb der sich rasant verändernden gesellschaftlichen Rahmenbedingungen und der damit eng verbundenen Profilierung ihrer kulturellen Institutionen - ihren Präsentationspraktiken, finanziellen Parametern, ihrer Verortung im stadträumlichen Gefüge und in der kulturellen Textur der Region - zu thematisieren. Entstanden ist ein ungewöhnlich weites und mitunter disparates Spektrum aktueller Bestandsaufnahmen, pointierter Meinungen, richtungsweisender Ausblicke und neuer brennender Fragen. Wir danken allen Beteiligten für ihre wertvollen Beiträge und freuen uns, das zusammengetragene Material zum Abschluss der Gründungsphase der European Kunsthalle mit Hilfe unseres Trägervereins Das Loch e.V. und dem Verlag Sternberg Press in die dauerhafte Form eines Buches überführt haben zu können.

Does a Kunsthalle still satisfy the needs and demands of contemporary art mediation and presentation? This initial question was posed by the founding team at the European Kunsthalle - a Cologne-based international contemporary art platform and discussion panel emerging in 2004 from the protests against the demolition of the Josef-Haubrich-Kunsthalle - from June 2005 to May 2007. Rather than a simple response and the cultural political decisions that might be deduced from it, we have shaped this productive set of problems into a series of individual questions, and turned for answers to a cooperative collaboration with international artists, curators, critics, gallerists and theoreticians. "The Question of the Day" project was developed within a framework of conceptual exchange and decentralization. The main goal for the program - developed on the homepage www.kunsthalle.eu during the two-year founding phase - was to broach the issue of the role of art and the closely-related profiles of its cultural institutions in a rapidly changing social context; their presentation practices, financial parameters, location in the urban structure and in a given region's cultural texture. What emerged is an unusually broad and sometimes disparate spectrum, a current inventory of pointed opinions, direction-giving perspectives and new, burning questions. Now that the European Kunsthalle's founding period has ended, we would like to thank everyone involved for their valuable contributions and are delighted, thanks to the support of our sponsors Das Loch e.V. and Sternberg Press, to have had the opportunity to compile this material into a more permanent book form.

WIE WICHTIG ODER HINDERLICH IST DIE INSTITUTION FÜR DIE KURATORISCHE ARBEIT?

HOW IMPORTANT OR RESTRICTIVE IS THE INSTITUTION FOR THE CURATORIAL PROCESS?

KONSTANTIN ADAMOPOULOS, FREIER KURATOR /
FREELANCE CURATOR, KÖLN

Als Kurator ist „die Institution" für mich seit ein paar Jahren eine einladende und damit auch initiierende Gastgeberin. Letztendlich ist mir mein Herz, sind mir die Freunde, der „Diskurs", meine Umwelt und die Lage der Welt, soweit ich sie verstehe, eine Art auftraggebendes Gegenüber. Da ich frei bin, die Inhalte und Formate zu bestimmen, helfen mir bei der Entwicklung meines Programms die Konzeption der gastgebenden Institution sowie die Nöte, Interessen und Erfahrungen der damit verbundenen Personen. So kreiere ich mir eine spezifische Situation nach der anderen, um meine Fragen weiter zu entwickeln. Generell gesprochen, bin ich ein Anhänger der prekären Projekte. Die TeilnehmerInnen der Institutionen können sich dabei als notwendig, wohlwollend und förderlich zeigen. So entsteht ein „Geschäft" auf Gegenseitigkeit, denn „die Institution" mit ihrem längerfristigen Konzept erfährt durch Gäste eine weitere Konkretation und permanente Überprüfung, gegebenenfalls auch eine Neuausrichtung.

As a curator, "the institution" has for the past few years been a welcoming and thus also stimulating host, though in the end my taskmaster is my heart, my friends, the "discourse," my environment and the state of the world as I understand it. Because I am free to choose the content and format myself, the host institution's concepts as well as the needs, interests and experiences of the individuals associated with it are all helpful when it comes to creating my program. Thus I create a specific situation for myself using the other as a starting point for developing my ideas and investigations further. Generally speaking, I am always one for precarious projects. For these, the institution's contributors can prove most necessary, supportive, and conductive. A kind of "business" of mutuality can take place in such cases, since guests can provide a further concretation and constant re-examination, sometimes even reorientation of the "institution's" more long-term concept.

WELCHE GRÜNDE KÖNNTE ES – ÜBER DEN GEWOHNHEITS-EFFEKT HINAUS – FÜR DEN WUNSCH DER BÜRGER/INNEN NACH EINER GREIFBAREN KUNSTHALLE GEBEN?

FOR WHAT REASONS – BESIDES SIMPLY CUSTOM OR HABIT – MIGHT CITIZENS PREFER A PHYSICAL, TANGIBLE KUNSTHALLE?

ILKA BECKER, KUNSTWISSENSCHAFTLERIN UND -KRITIKERIN / ART HISTORIAN AND CRITIC, KÖLN

Greifbar zu sein wäre für mich zunächst gar nicht die produktive Frage: Greifen, Zugreifen und Begreifen klingt ein wenig nach vorgegebener, konsumierbarer Sinnhaftigkeit, die durch eine institutionelle Form garantiert werden könnte und in der man dann bequem Platz nimmt. Eine Kunsthalle, die wie die European Kunsthalle ein dezentrales Konzept verfolgt, sollte aber eher eine Bühne sein, auf der man sich dazu entscheidet, etwas Ungreifbares sichtbar zu machen (das heißt zu produzieren), das in der eigenen Position aufklafft - als Rezipient/in und gleichzeitig Produzent/in von Zeichen, sozialen Codes, Material und Situationen innerhalb des Systems Kunst. Die künstlerische, kuratorische, theoretische und kritische Arbeit, die sich in einem solchen Feld durchführen lässt, ist doch vor allem dann spannend, wenn sie weniger der Selbstvergewisserung bürgerlicher Subjektivität dient (nach deren Kriterien Kunstrezeption heutzutage ohnehin nicht mehr funktioniert), als dass sich mit ihr im besten Fall eine Art strittiger Produktionsgemeinschaft herausbildet, an der unterschiedliche Akteure teilhaben können. Ein konkreter Ort kann dafür ein sehr wichtiger Faktor sein.

First of all the question of tangibility is, for me, not a productive one at all: gripping, seizing and grasping all sound a little like predetermined, consumable meaningfulness, one whose institutional form could offer both a kind of guarantee and a comfortable place to take a seat. A Kunsthalle like the European Kunsthalle, which follows a de-centralized concept, should be more like a stage onto which the decision is made to make something intangible visible, (meaning to produce) a rupture in one's own position - as a recipient and at the same time producer of signs, social codes, material and situations within the system of art. The artistic, curatorial, theoretical and critical work that can be carried out in such a field becomes especially interesting when it does less in the service of bourgeois subjectivity (whose criteria for art reception no longer function anyway), becoming instead a kind of controversial production collective to which different players can contribute. For this, a concrete location can become a very important factor.

WOFÜR STEHT DER BEGRIFF „EUROPEAN KUNSTHALLE" AUS AUSSEREUROPÄISCHER PERSPEKTIVE?

WHAT DOES THE TERM "EUROPEAN KUNSTHALLE" MEAN FROM A NON-EUROPEAN POINT OF VIEW?

–

TOBIAS BERGER, DIREKTOR /
DIRECTOR PARA/SITE ART SPACE, HONG KONG

Als Deutscher, der in Asien lebt und arbeitet könnte meine Antwort etwas voreingenommen sein. Als ich „definieren: Kunsthalle" bei Google eingab, antwortete die allwissende Suchmaschine: „Keine Einträge in Englisch gefunden". Dieser kleine Test sagt alles: Der Großteil der nicht-deutschsprachigen Welt versteht nicht, was eine Kunsthalle ist. Das Wort steht für ein Konzept, mit dem die Deutschen so vertraut sind, dass wir denken, wir könnten es wie Heimat oder Kindergarten ins Englische einbringen - eine missionarische Idee, um der Welt das Konzept von Kunsthalle beizubringen. Im Zentrum situiert zu sein gibt einem manchmal die außerordentlich überzeugende und privilegierte Position, verschiedene Gemeinschaften zu erreichen, vor allem im Hinblick auf interkulturelle Beziehungen. Für eine europäische Kunsthalle, die außerhalb der westlichen Kunstwelt von Bedeutung sein will, ist es wichtig, aktiv die Initiative zu ergreifen und ernsthafte Verbindungen zu KünstlerInnen und unabhängigen Institutionen außerhalb der ausgetretenen Pfade herzustellen. Andernfalls wird sie lediglich einer Verlagerung von NATO- zu EU-Kunst zuarbeiten. Gelänge es aber der European Kunsthalle als aktives kritisches Projekt, die europäische Kunstszene mit Ideen und Initiativen des Überdenkens von statischen Positionen zu ermutigen und somit beispielsweise in einer Stadt wie Köln zu einem neuen künstlerischen Klima beizutragen, kann sie ein einflussreiches Modell für ähnliche zeitgenössische Kunstorte werden - vor allem außerhalb Europas, wo ich seit Jahren unter ähnlichen Umständen arbeite.

As a German working and living in Asia, my response could be somewhat biased. When I typed "define: Kunsthalle", into Google, the
omniscient search engine replied, "No definitions of Kunsthalle
were found in English." This little test says it all: most of the
non-German world doesn't understand what a Kunsthalle is. The word
stands for a concept Germans are so familiar with that we believe
we can introduce it into English like Kindergarten or Heimat, a
missionary idea to introduce the idea of the Kunsthalle into the
rest of the world. Sometimes being situated in the center gives one
an exceptionally persuasive and privileged position to reach out to
different communities, especially when it concerns inter-cultural
relationships. For a European Kunsthalle who wants to make impact
outside the western art world, it is important to actively take the
initiatives and seriously build connections with artists and independent institutions out of the beaten track. Otherwise, it will
simply administer a shift of focus from NATO-art to EU-art. But as
an active, critical project the European Kunsthalle might encour-
age the art scene with ideas and initiatives to re-think its static positions and contribute to a new artistic atmosphere in a city
like Cologne, it could be an influential model for similar contemporary art spaces, especially outside of Europe, where I work since
years in very similar circumstances.

IN DER HAUPTSACHE GILT, DIE BESUCHERZAHLEN ZU STEIGERN – ODER WELCHE ZIELE VERFOLGT DIE PR- UND ÖFFENTLICHKEITSARBEIT GROSSER MUSEEN?

IS THE MAIN FOCUS TO INCREASE VISITOR NUMBERS OR WHAT ARE THE GOALS OF MAJOR MUSEUMS' PR WORK?

–

SVEN BERGMANN, LEITER MEDIA RELATIONS /
HEAD OF MEDIA RELATIONS KUNSTSAMMLUNG
NORDRHEIN-WESTFALEN, DÜSSELDORF

Marketingstrateg/inn/en und Museumsdirektor/inn/en argumentieren
heute mit zumeist hohen Besucherzahlen, um ihr Ausstellungsprojekt
als erfolgreich und qualitativ hochwertig darzustellen. 500.000
Besucher sind immer eine Meldung wert. Zweifelsohne sind hohe Besucherzahlen (die niedrigen werden ja nie kommuniziert) eines der

wichtigeren PR-Ziele im gesamten Kommunikationsmix. Doch wer nur auf die Kommunikation der Besucherzahlen schielt, wird früher oder später mit seiner PR scheitern. Viel zu verkürzt werden Adressaten die Institution wahrnehmen, reduziert auf das „must see" des Ortes, wenig fokussiert auf die inhaltliche und kulturelle Bedeutung des Hauses. Ungeachtet der wirtschaftlichen Notwendigkeit vieler Museen, ihre Besucherzahlen zu generieren gilt es meines Erachtens heute, unter den vielen, vielen Maßnahmen und Zielen der PR die modisch genannte „community work" zu professionalisieren. Ziel dabei ist es, Akzeptanz und Verständnis im lokalen, regionalen aber auch (inter)nationalen Raum für eine Kunstinstitution zu schaffen. Allen voran britische und US-Amerikanische aber auch niederländische und brasilianische Ausstellungshäuser arbeiten seit Jahren erfolgreich mit öffentlichkeitswirksamen Maßnahmen und Vermittlungsangeboten für die höchst unterschiedlichen Gruppen der Gesellschaft. Differenzierte Zielgruppenarbeit, verbunden mit intelligenter Netzwerkarbeit zu anderen (Kultur- und Wirtschafts)Institutionen sind oberste Ziele der heutigen PR-Arbeit.

Today, marketing strategists and museum directors use mostly high visitor numbers as proof of the success and quality of their exhibition project. It is always worth mentioning 500,000 visitors. Without doubt, high visitor numbers (low numbers are of course never mentioned) are one of the more important PR goals in the whole communication mix. Yet if you only set your sights on communicating visitor numbers, sooner or later you will fail with your PR. Recipients will perceive the institution in a truncated way, reduced to a "must see" agenda, and will not really be focused on its significance in terms of content and culture. Regardless of the economic necessity of many museums to generate high visitor numbers, I believe that today it is important, among the many, many measures and aims of PR, to professionalize the fashionably named "community work". The top aim is to promote acceptance and understanding of an art institution on a local, regional and also (inter)national scale. It is above all British, US, as well as Dutch and Brazilian exhibition institutions that have been working successfully for years with public-oriented measures and communication offers for the highly diverse social groups. A fundamental aim of PR today is to carry out work geared towards different target groups, linked to intelligent networking with other (cultural and economic) institutions.

IST MAN ALS PRIVATE INSTITUTION UNAB-
HÄNGIGER ALS STÄDTISCHE ODER STAATLICHE?

IS A PRIVATE ART INSTITUTION MORE
INDEPENDENT THAN A MUNICIPAL ONE?

SABINE BREITWIESER, KÜNSTLERISCHE LEITUNG UND GESCHÄFTSFÜHRUNG/
ARTISTIC AND MANAGING DIRECTOR
GENERALI FOUNDATION 1991-2007, WIEN

Während der letzten Jahre wurde seitens der (kürzlich abgewählten) österreichischen Regierung die Devise „Privat-Public-Partnership" ausgegeben. Davon betroffen waren neben den Bundesmuseen auch die Universitäten. Museen und Universitäten wurden mit dem 21. Jahrhundert mangels ausreichender finanzieller Mittel kurzerhand von der Regierung für „autonom" erklärt. In Praxis bedeutet das, dass diese mit knappen Mitteln ausgestatteten Einrichtungen budgetär einen „Deckel" drauf gesetzt bekamen und im Gegenzug dafür ihre Einkünfte verwenden dürfen. Gleichzeitig müssen sich diese jedoch mit den von den staatlichen Stellen nunmehr gegen Miete genutzten Räumlichkeiten und zum Teil mit fixen Personal herumschlagen. Ob der bewusst von Seiten der staatlichen Stellen geschürte Konkurrenzkampf zwischen den einzelnen Institutionen tatsächlich zu einer qualitativen Verbesserung des Profils oder doch eher zu einer Streichung jener Angebote führt, die nicht den Kriterien unserer Leistungsgesellschaft entsprechen, wird sich erweisen. An dieser „Autonomie bei verordneten, nicht ausreichenden Ressourcen" kann nur Kritik geübt werden. Auch jene, die dieses System stets favorisiert haben, sehen sich inzwischen weniger als Leiter/in einer „wissenschaftlichen Anstalt öffentlichen Rechts", wie das rechtlich formuliert wurde, als vielmehr in der Rolle von PR- und Marketingstrategen. In der Tat wurden bislang viele der staatlichen Einrichtungen nicht gerade überaus innovativ und wegweisend geführt. Allerdings hat der Profilierungsdruck die Institutionen nach ihrem ersten Erwachen umgehend dazu bewegt, die Tür für Sponsoren und Privatsammler weit zu öffnen. Insofern kann von einer Autonomie nicht gesprochen werden, vielmehr hat sich der Kreis derjenigen, die Einfluss nehmen erweitert und wir werden sehen, wo uns diese Entwicklung von der Gewichtung her letztlich hinführt. Ich hoffe nicht in das Beispiel der USA, wo Trustees in den Museen das Sagen haben, die praktischerweise dort gleich ihre Sammlungen deponieren und bestens informiert ihr Vermögen in Kunst anlegen. Als ich Ende der 1980er Jahre begonnen habe, die Generali Foundation zu entwickeln, gab es in Europa kaum ein positives Modell einer Kunstinstitution, die rein privatwirtschaftlich finanziert wurde, hinter der ein fixer Sponsor stand, noch dazu im Namenswortlaut. Warum sollten selbstbewusste und reflektierte Künstler/innen ihr bestes Stück an eine Firma verkaufen, mit dem Risiko dass das Werk in der Lobby als schlecht erhaltene Dekorationsware endet? In der Tat erleben wir in den letzten Jahren einen Boom des Stellenwerts von Privatsammlungen und Kunstaktivitäten von wirtschaftlichen Konzernen, die immer besser mit den Inhalten des Kunstbetriebs umzugehen verstehen und sich entsprechend positionieren, auch was Inhalte betrifft. Wenn die Strukturen und die Kontrollgremien „stimmen" können die jeweiligen Leiter/innen und Kuratoren/innen in oft weniger bürokratischer Weise Entscheidungen treffen. Künstler/innen treffen jeweils für sich die Entscheidung mit wem sie kooperieren wollen und am besten können. Die meisten dieser Institutionen und Sammlungen sind allerdings bestimmt durch Funktionsansprüche, seien dies die Ausstattung von Firmengebäude, Profilierung in Sachen Image, geopolitische Orientierung an Marktstrategien der Produkte des Sponsors und vieles andere mehr - aus vielen Firmensammlungen könnte wohl eine Art Chronik des finanzierenden Wirtschaftsunternehmen abgelesen werden. Das betrifft auch die Fortführung und Unterstützung von einmal erfolgreich angelaufenen Projekten, die oft mit großzügig und innovativ denkenden Persönlichkeiten in der Firmenleitung gestartet werden und meistens rasch verschwinden, wenn die Nachbesetzung sich nicht mit den Inhalten der vorherigen Unternehmensleitung identifizieren will oder das Unternehmen gar in einer Fusion verschluckt wird. Die Langfristigkeit von innovativen und qualitativ hoch stehenden Kunstinstitutionen muss erst noch in mehreren Beispielen belegt werden.

In past years the Austrian government (which recently resigned) championed "private-public-partnership". This not only affected federal museums but also the universities. With the onset of the 21st century, museums and universities were - for lack of adequate funding - abruptly declared to be "autonomous". In practice this means that a budgetary ceiling was imposed on these institutions with their scant funds, and in return they were allowed to use any income they generated. Simultaneously, however, they have to contend with the premises rented from government offices and in part with regular staff. It remains to be seen whether the rivalry deliberately provoked by government offices between the individual institutions will actually result in an enhanced profile - in terms of quality - or whether it is more likely to result in the striking of those services, which do not meet the criteria of our performance

-driven society. This "autonomy combined with prescribed inadequate resources" can only be criticized and even those who always spoke out in support of this system now see themselves less as directors of an "academic institution under public law", as it is described in legal terms but more in the role of PR and marketing strategists. And indeed, not many of the government institutions were actually run in an innovative or pioneering manner to date. That said, the pressure to make their mark induced many institutions after their first awakening to open the door wide to sponsors and private collectors. As such, it is not correct to speak of autonomy, rather the circle of those wielding influence has widened farther and we will see where this development ultimately leads us. I hope we will not end up with the situation prevailing in the United States where trustees have their say in museums, basically deposit their entire collections there and based on excellent information invest their assets in art. When in the late 1980s I began to develop the Generali Foundation, few positive models of art institutions existed in Europe financed solely by private enterprise, and with one financial backer, who was also mentioned by name. Why should self-confident, thinking artists sell their best work to a firm, and undergo the risk that it will end up in the lobby as a poorly maintained piece of decoration? And indeed, in recent years the standing of private collections and the art activities of business corporations have seen a boom, with the latter understanding ever better how to deal with the essentials of the art business and to position themselves accordingly as regards content. With the "right" structures and controlling bodies the respective directors and curators can often make less bureaucratic decisions. The artists are able to decide for themselves with whom they wish to cooperate and with whom they can best cooperate. However, most of these institutions and collections are influenced by functional requirements, whether this be the fitting out of company buildings, creating a distinct image, geopolitical orientation to the sponsor's product marketing strategies and many other matters besides; you could probably read many company collections as a chronicle of the sponsoring corporation. This also applies to the continuation and support of successfully launched projects, which are often started by generous, innovative figures from the management and typically disappear again rapidly if the successor does not wish to be identified with the ideas of the previous management or is even swallowed up in a fusion. We still lack positive examples proving that art institutions can sustain a high level of innovation and quality over the long term.

WIE WICHTIG IST FUNKTIONALE ARCHITEKTUR FÜR DAS KURATIEREN?

HOW IMPORTANT IS FUNCTIONAL ARCHITECTURE FOR CURATING EXHIBITIONS?

ADAM BUDAK, KURATOR /
CURATOR KUNSTHAUS GRAZ

Zweifellos spielt funktionelle Architektur eine signifikante Rolle beim Kuratieren von Ausstellungen. Sie tut es vor allem in praktischer Hinsicht - bei der Organisation des Raumes, der technischen Erarbeitung der Ausstellungen, als Leitlinie ihrer Argumentation und so weiter. Ich bin in jedem Fall an Situationen interessiert, in denen die Funktion der Architektur darin besteht, Ausstellungsinszenierungen und kuratorische Sichtweisen herauszufordern. Seit über zwei Jahren arbeite ich nun in einem (biomorphen) Ausstellungsraum, dessen architektonisches Angebot vor allem auf Dysfunktionalität oder einer gewissen Groteske traditioneller Funktionalität basiert. Hier verstehe ich diese „Schwierigkeit" einerseits als Herausforderung (für alle Beteiligten: den KünstlerInnen mit einem Kunstwerk, den KuratorInnen mit einem Konzept und das Publikum mit Rezeptionsqualitäten), andererseits als Anregung (zu ortsspezifischer Arbeit und durch den Raum als Disposition beeinflusste Programmgestaltung). Indem sie das Kunstwerk permanent neu definiert und dich verstärkt für räumliche Bedingungen sensibilisiert, hält dich eine solche dysfunktionale Architektur stets wachsam. Mit wem oder was auch immer sie antrifft, geht sie eine spannende Partnerschaft ein, erneuert deine Rezeptionshaltungen und verbündet sich so mit dir, eine besondere kollektive Identität zu inszenieren. Dysfunktionalität in diesem Sinne agiert als produktive und bereichernde Unstimmigkeit. Wie alle dominanten Partner erschwert sie dir das Leben - das ist wahr -, aber letztendlich bringt sie viel Freude und kreative Genugtuung.

Undoubtedly, functional architecture plays a significant role in curating exhibitions. It does it mostly in practical terms - organization of space, technical elaboration of exhibits, partly, as a guiding line for the exhibition narrative, etc. I am however interested in situations where the architectural function challenges exhibition staging and curatorial vision. I have been working for more than two years now in a (biomorphic) exhibition space which comes up with an architectural offer based rather upon a dysfunction or a certain grotesque of such a traditionally understood function. Here, I consider this "ailment" as both challenge (for everybody involved: an artist with an artwork, a curator with a concept and an audience with perceptive qualities) and an inspiration (for site-specific work, and for the programming directive influenced by a space on disposal). Such dysfunctional architecture keeps you always alerted by constantly redefining an artwork, by making you more sensitive towards spatial conditions, by entering into an exciting partnership with whoever/whatever encounters it, thus refreshing your perceptive habits and collaborating with you on staging one common distinctive identity. Such a dysfunction also works as a disagreement which finally becomes productive and enriching. It makes your life hard as it is always the case of a dominant partner, that's true, but at the end it brings a lot of joy and (creative) satisfaction.

WELCHE FUNKTION ERFÜLLT EINE KUNSTHALLE IN ABGRENZUNG ZU TRADITIONELLEN MUSEEN, KUNSTVEREINEN, BIENNALEN UND GALERIEN?

WHAT IS THE FUNCTION OF A KUNSTHALLE IN RELATION TO A TRADITIONAL MUSEUM, KUNSTVEREIN, BIENNIAL OR GALLERY?

-

ELKE BUHR, KRITIKERIN / CRITIC
FRANKFURTER RUNDSCHAU, FRANKFURT & BERLIN

In den Neunziger Jahren haben sich Museen vermehrt der ganz zeitgenössischen Kunst in die Arme geworfen und gleichzeitig in die der potenten Sammler, die das können, was Museen heute nicht mehr können, nämlich schnell und in großem Stil auf dem Markt einkaufen. Nach der Euphorie kommt jedoch die Katerstimmung: In jüngster Zeit mussten viele Museen erkennen, dass sie am Ende nur dafür gesorgt haben, dass sich die durch das Museum geadelten Werke besser wieder verkaufen lassen. Während sich also die Museen in Zukunft (hoffentlich) wieder einer bedächtigeren Gangart zuwenden werden und sich nachhaltiger mit ihrer Sammlung und deren wissenschaftlicher Auswertung beschäftigen, könnte sich gleichzeitig das Profil der Kunsthallen wieder schärfen. Die Kunsthalle ist es nämlich eigentlich, die -da sie keine eigene Sammlung besitzt- schnell, präzise, provokant Themen setzen und Thesen formulieren kann, auch auf die

Gefahr hin, sich zu irren; am produktivsten in Hinblick auf ihren konkreten Standort, auf die Stadt, die Region, in der sie platziert ist und auf die Szene, die sich dort entfaltet.

In the nineties, museums threw themselves into the arms of the most contemporary art and at the same time into those of the financially potent collectors able to do what museums can no longer do, namely shop the market, in a quick, very big way. After euphoria comes the hangover though: recently many museums have been left facing the fact that, in the end, the works ennobled by the museum are only easier to sell again. So while museums will (hopefully) approach this with a more deliberate pace in the future and deal with collections and their evaluation in a more sustainable way, the Kunsthallen could sharpen their profile. A Kunsthalle is namely the one - since it does not own its own collection-capable of setting quick, precise, provocative topics and formulating theses, also running the risk of getting it wrong; the most productive with regard to its concrete location, to the city, the region in which it is located and to the scene developing there.

IST DER KUNSTMARKT DEM INSTITUTIONELLEN KUNSTBETRIEB IM HINBLICK AUF INTERNATIONALE VERNETZUNG EINEN SCHRITT VORAUS?

IS THE ART MARKET ONE STEP AHEAD OF THE INSTITUTIONALIZED ART SYSTEM REGARDING INTERNATIONAL NETWORKING?

GISELA CAPITAIN, GALERISTIN /
GALLERIST, KÖLN

Nein, wenn man zum institutionellen Kunstbetrieb alle Biennalen, Triennalen und Quadriennalen sowie die documenta, die Pittsburgh International und andere zählt.

No, not if you count all the biennials, triennials and quadrennials as well as the documenta, the Pittsburgh International etc. as part of the institutionalized art business.

WIE DEFINIERT SICH EINE KUNSTINSTITUTION IN BEZUG AUF IHR PUBLIKUM?

HOW CAN AN INSTITUTION FOR CONTEMPORARY ART BE DEFINED IN RELATION TO ITS AUDIENCE?

-

CHRIS DERCON, DIREKTOR /
DIRECTOR HAUS DER KUNST, MÜNCHEN

Es gibt nicht einfach ein „Publikum". Die Idee des „Publikums" existiert nicht mehr. Sie war übrigens eine Erfindung des 19. Jahrhunderts … sowie die Idee des Publikums auch ihren allerersten großen Auftritt in der Malerei des 19. Jahrhunderts hatte. Heute sind wir mit vielen verschiedenen Arten des Publikums konfrontiert … beispielsweise mit vielen verschiedenen Erwartungen. In einer nationalen holländischen Zeitung habe ich mal gesagt: „Traue nicht dem Publikum" - eine Formulierung, für die ich auch Jahre später noch teuer bezahlen musste. Was ich meinte war, dass das Publikum sich seiner selbst nicht mehr sicher ist - kann es seine (Un)Sicherheit auf uns projizieren und andersherum? Das würde bedeuten, dass wir uns konstant selbst fragen müssten: Welches Publikum fühlt sich angesprochen, wenn wir welche Maßnahmen wie ausführen? In der Tat müssen wir unsere Zielgruppen jedes mal neu aufbauen. Das Publikum ist daher kein gegebenes … es muss erobert werden. Und um die Sache noch komplizierter zu machen: Es scheint auch eine generelle Verwirrung darüber zu geben, was „öffentlich" und was „privat" ist und worin der Unterschied zwischen „öffentlichen" und „privaten" kulturellen Angelegenheiten und Anliegen besteht. Kommerzialisierung im Feld der Kultur beispielsweise, stellt sich selbst schnell als eine Art „öffentliche Sphäre" dar. Die Konturen des öffentlichen Raums sind daher bereits restlos aufgeweicht. Und unsere einzige Waffe zur Gegenwehr - herbeigeführt von unseren Auftraggebern und Trägereinrichtungen - scheint traurigerweise die Veröffentlichung hoher Besucherzahlen zu sein. Aber Besucherzahlen sind ein großer Unterschied zu Argumenten des Öffentlichen. Oder nicht?

There is not just a "public". The idea of "public" does not exist anymore, it is by the way a 19th century invention … just as the idea of "public" appears in paintings for the very first time and broadly speaking in the 19th century. Today we are confronted with many different sorts of "public" … with for instance many different expectations. I once said in a national Dutch newspaper "do not trust the public", an expression which I had to pay dearly until years after. What I meant was that the public is basically not confident anymore in itself - can it project its confidence on us or vice versa? That means we have to ask ourselves constantly: which public feels itself represented by what we do when and the way we do things? Indeed, we have to rebuild each time our constituencies. The public is therefore not a given … it has to be taken. And to make things even worse, there seems to be a general confusion of what is "public" and what is "private", or what the difference is between "public" and "private" cultural concerns and considerations. Commercialism, in the field of culture, for instance is transforming itself rapidly into a kind of "public sphere". The public realm is therefore completely blurred. And sadly enough, our only weapon of defense - induced by our commissioners and subsidizing bodies - seems therefore to publicize huge … visitor numbers. But public numbers are highly different from public arguments! Is it not?

SOLLTE ES MEHR AN INSTITUTIONEN GEBUNDENE STIPENDIENPROGRAMME FÜR KÜNSTLER GEBEN?

SHOULD THERE BE MORE RESIDENCY PROGRAMS FOR ARTISTS HOSTED BY ART INSTITUTIONS?

–

JASON DODGE, KÜNSTLER /
ARTIST, BERLIN & NEW YORK

Ich habe nicht das Gefühl, dass es mehr oder weniger an Institutionen gebundene Stipendienprogramme geben sollte - die Möglichkeit für Institutionen, flexibel genug zu sein, um das Beste aus den KünstlerInnen, mit denen sie zusammen arbeiten, heraus zu holen, das würde ich mir wünschen. Sicher ist ein Stipendium ein Weg, dies zu erreichen, aber es gibt auch viele andere.

I don't feel there should or shouldn't be more residencies offered by institutions - however the possibility that institutions could function flexibly enough to get the most out of the artists they work with is what I would wish for. Certainly a residency is one of the ways this can be done but there are also many other ways.

INWIEWEIT HAT DAS AKADEMISCHE DENKEN PLATZ IM MUSEALEN AUSSTELLUNGSBETRIEB?

TO WHAT EXTENT IS THERE SPACE FOR ACADEMIC THOUGHT IN THE MUSEUM'S EXHIBITION PRACTICE?

CHARLES ESCHE, DIREKTOR /
DIRECTOR VAN ABBE MUSEUM, EINDHOVEN

Ein Museum ist kein leeres Gefäß, das es mit Kunst zu füllen gilt. Stattdessen müssen wir seine Identität, seinen Möglichkeitsraum, seine Ideologie thematisieren - alles dies ist präsent, ob wir es wahrzunehmen wünschen oder nicht. Um diese Begriffe zu aktivieren, und nicht einfach überkommene Definitionen zu akzeptieren, braucht es Denkprozesse. Wenn also „akademisches Denken" Reflexion, Befragung und Artikulation der Praktiken eines Museums meint, dann müssen wir ihm viel Zeit und Raum widmen. Wir müssen Systeme entwerfen, in denen Museumsarbeiter die Möglichkeit haben, neue Betrachtungsweisen von Kunst und ihren Beziehungen zu Gesellschaft zu erlernen. Wir müssen neue Modelle der öffentlichen Präsentation und Produktion entwickeln, die selbstreflexive Mechanismen und Gelegenheiten zum kritischen Denken beinhalten. Wir müssen letztlich das Museum als einen Ort des Fragens schwieriger Fragen und des Formulierens komplexer Antworten erschaffen. Aber natürlich hat „akademisches Denken" auch eine andere Bedeutung, die des unreflektierten Kopierens existierender Modelle. Dem sollte kein Platz innerhalb der Praxis von Museen für zeitgenössische Kunst eingeräumt werden.

A museum is not an empty vessel to be filled by art. Instead we need to speak about its identity, its potentiality, its ideology - all of which are present whether we choose to recognise them or not. To put these latter terms into motion and not simply accept inherited definitions, we need thinking processes. So if 'academic thinking' means reflection, questioning and articulation of the practices of a museum then we need to devote lots of space and time to it. We need to build in systems where museum workers have opportunities to learn new ways of seeing art and its relation to society. We need to create models of public presentation and production that include self-reflective mechanisms and opportunities of critical thinking. We need thus to construct the museum as a place for asking awkward questions and developing complex answers. Of course academic thinking has another meaning that implies unreflective copying of existing models and that should have no place in a contemporary art museum's practice.

WELCHE MÖGLICHKEITEN BIETET DIE EIGENE AUSSTELLUNGSHALLE IN ABGRENZUNG ZUR DAUERLEIHGABE EINER PRIVATEN SAMMLUNG?

WHAT ARE THE BENEFITS OF OPENING YOUR OWN EXHIBITION SPACE AS OPPOSED TO LOANING YOUR PRIVATE COLLECTION TO A PUBLIC MUSEUM?

-

HARALD FALCKENBERG, UNTERNEHMER UND KUNSTSAMMLER / ENTREPRENEUR AND COLLECTOR, HAMBURG

Die Vorteile privater Ausstellungsräume liegen in den Möglichkeiten unbeeinflusster Gestaltung. Der Sammler ist Herr im eigenen Hause - räumlich, terminlich, kuratorisch und projektbezogen, ohne Gremien und komplizierte Entscheidungsvorgänge. Die persönliche Freiheit findet allerdings an der sozialen Verantwortung gegenüber der Kunst und den Künstlern ihre Grenze. Kunst sammeln und ausstellen ist nach meiner Überzeugung keine Privatangelegenheit und sollte in Abstimmung mit den öffentlichen Institutionen als deren sinnvolle Ergänzung ohne Anspruch auf Interpretations- und Geltungshoheit stattfinden.

The advantages of private exhibition spaces lie in the possibilities of completely free design. The collector is master of his own house - in terms of space, time, curatorship and projects, without external bodies and complicated decision-making processes. However, this personal freedom stops short at social responsibility towards art and artists. I am of the conviction that collecting and exhibiting art is no private matter and should take place in collaboration with public institutions as their logical complement, with none claiming superiority in terms of interpretation and importance.

WIE KANN ES EINE INSTITUTION FÜR ZEITGENÖSSISCHE KUNST BEWÄLTIGEN, DIE BALANCE ZWISCHEN BELANGEN NATIONALER IDENTITÄT UND DEM AUFBAU EINES INTERNATIONALEN, UNABHÄNGIGEN PROGRAMMS ZU HALTEN?

HOW CAN A CONTEMPORARY ART INSTITUTION MANAGE THE BALANCING ACT BETWEEN NURTURING NATIONAL IDENTITY AND FOSTERING AN INTERNATIONAL, INDEPENDENT PROGRAM?

ALEX FARQUHARSON, GRÜNDUNGSDIREKTOR / FOUNDING DIRECTOR
CENTRE FOR CONTEMPORARY ART, NOTTINGHAM

Ich nehme an, dass die „Belange nationaler Identität" zu erfüllen, eine Anforderung ist, die von ihren Trägern an Institutionen gestellt wird, da ich mir nicht vorstellen kann, dass es viele progressive KuratoInnen gibt, die sich solchen Werten verpflichten. Hier jedenfalls kann ich eine solche Situation nicht feststellen. In Großbritannien ist der Erwartungsdruck der Trägerschichten viel mehr mit lokaler Verantwortlichkeit verbunden. Das hängt damit zusammen, dass die Finanzierung eher von lokalen Behörden und regionalen Quellen kommt (seitdem das Arts Council in sechs englische Regionen aufgegangen ist). Im Gegensatz zu den meisten Europäischen Gebieten, haben wir in Großbritannien das Problem einer äußerst zentralisierten Kunstszene (eine Konsequenz der generellen wirtschaftlichen und kulturellen Dominanz Londons). Deshalb sind Kunstszenen außerhalb Londons zumeist relativ klein und die internationale Anbindung eine größere Herausforderung, als in den meisten Städten in beispielsweise Holland oder Deutschland. Als jemand, der gerade begonnen hat, eine neue Kunstinstitution in Nottingham zu leiten, bin auch ich der festen Überzeugung, dass die Verknüpfung des Lokalen mit dem Internationalen eine der wichtigsten Aufgaben von Kunstinstitutionen ist. Einrichtungen von einer bestimmten Größe sollten angesichts der unwiderruflich internationalisierten Natur von Produktion und Diskurs, einen internationalen Anspruch haben. Gleichzeitig ist aber auch lokal verantwortliche Programmgestaltung wichtig, um die Fallstricke der kulturellen Standardisierung zu vermeiden. Es ist mir wichtig, lokale Kontexte ins Spiel zu bringen, wo sie relevant sind, und Wege zu finden, die zentralen Elemente eines Publikums als Protagonisten innerhalb der Kultur einer Institution ernst zu nehmen anstatt ihnen lediglich eine Zuschauer- oder Statistenrolle zuzuweisen.

I assume that "nurturing national identity" is a requirement placed on institutions by their funders, as I can't imagine many progressive curators subscribing to such values. However it's not a situation I recognise here. In the U.K. the pressure from funders is to be locally responsive. That's because funding tends to come from civic (local government) and regional sources (now that the Arts Council has devolved to six regions in England). Unlike most of Europe, in the U.K. we have the problem of an extremely centralised art scene (an exaggeration of London's economic and cultural dominance in general). This means that art communities elsewhere are relatively small which makes it more of a challenge to connect the local with the international than it would be in most cities in, say, Holland or Germany. As someone who has just embarked on directing a new art institution in Nottingham, I too believe strongly that one of the main objectives of an art institution is to connect the local with the international. Venues of a certain scale should have international ambitions, reflecting the irreversibly internationalised nature of production and discourse, which continues to erode differences between nationally-conceived cultures and identities. At the same time it's important that programming is locally responsive, where meaningful, avoiding the pitfalls of cultural standardization. It's important to me to bring local contexts into play where relevant and find ways of ensuring that key elements of one's public become protagonists within the culture of an institution, rather than just spectators or bystanders.

KANN DIE VERÄNDERUNG DER GESELLSCHAFTLICHEN TRÄGERSCHICHTEN VON KUNSTINSTITUTIONEN EINE TRANSFORMATION DER INSTITUTION VON INNEN HERAUS BEWIRKEN?

ARE CHANGES IN THE SOCIAL FOUNDATION OF AN ART INSTITUTION CAPABLE OF TRANSFORMING THE INSTITUTION FROM THE INSIDE?

ANSELM FRANKE, DIREKTOR /
DIRECTOR EXTRA CITY. CENTER FOR CONTEMPORARY ART, ANTWERPEN

Ich denke, das geschieht so oder so. Der Begriff der Bildung oder auch der Öffentlichkeit, auch die Kulturtechniken der Hegemonie verwandeln sich - und die Kunstinstitution rückt in die Nähe des Tourismus und des Marketings einerseits oder sie muss in Zukunft zu einem „Center for Creativity" werden, in dem die gesellschaftliche Produktivkraft „Kreativität" entwickelt, trainiert oder eben im Zweifelsfall auch therapeutisch „behandelt" wird. Die überkommene Trägerschicht der Kunstinstitution kann diese nicht mehr langfristig legitimieren, Ihr Begriff der öffentlichen Sphäre ist korrumpiert und sie hat zunehmend weniger Möglichkeiten der politischen Einflussnahme. Die neue Trägerschicht aber behandelt diese weitgehend wie Luxus-Erweiterungen von Kunstmessen - und das bleibt ja auch der Kulturpolitik nicht verborgen, so das dringend eine grundlegende Debatte über das Verhältnis öffentlicher Institutionen zu einem spekulativen Markt ansteht. Das gilt natürlich nicht nur für die für das Experiment und die Innovation zuständigen Institutionen ohne Sammlung, sondern auch für Museen, die immerhin noch das Argument des kulturellen Gedächtnisses ins Feld führen können.

I think that will happen anyway. The notion of education or also the public, even the methods employed by hegemonic culture are always in a state of transformation - and so the art institution either gears itself towards tourism and marketing on the one hand or will have to become a "Center for Creativity" in the future, one in which the productive force "creativity" is developed, trained or if nothing else even therapeutically "treated". Art institutions cannot continue to legitimize the old support structures handed to them in the long term; their notion of the public sphere is corrupt, its prospects for exerting political influence are increasingly few. And yet the new supporting structure usually handles these as a luxury extension of art fairs to a large extent, a fact that has not escaped culture-political notice, resulting in an urgent need for thorough debate concerning public institutions' relationship to a speculative market. And that goes of course not only for the experiment and innovation of the responsible institutions without collections, but also for museums, which are still capable of invoking the cultural consciousness argument.

WELCHE ROLLE SPIELT DAS LOKALE FÜR EINE INSTITUTION WIE EINE KUNSTHALLE?

HOW IMPORTANT IS THE LOCALE FOR AN INSTITUTION LIKE A KUNSTHALLE?

PETER FRIEDL, KÜNSTLER / ARTIST, BERLIN & NEW YORK

Als das Loch ein Loch war, war die Welt gut und böse. So ist es mit der Ortsspezifik. Aber das Problem ist, dass all diese sanktionierten Gründungsfloskeln („Koproduzent im Projekt Europa") nicht darüber hinwegtäuschen können, wie sehr die traditionelle Labelmaschine auch in diesem Fall auf Gleichlauf und Interessenvertretung ihrer Klientel programmiert ist. Alles andere wäre auch sehr viel überraschender. Die Wahrheit ist doch: Es geht auch ohne Köln und ohne Rhein. Dass ausgerechnet in der Kölner Kunstwelt „andere Denk- und Handlungsmodelle des Politischen, der Partizipation und der gesellschaftlichen Verantwortung" erprobt würden als an vergleichbaren Konkurrenzstandorten, ist so unwahrscheinlich wie dass aus einer Kunsthalle ein gutes Lokal wird.

When the hole was a hole, the world was good and evil. That's how it is with site-specificity. The problem is, none of these sanctioned, founders' soundbites ("co-producer in Project Europe") are capable of concealing just how much, even in this case, the labeling machine is programmed to suit the synchronisms and interests of its clientele. Anything else would have also been much more surprising. And yet the truth is: it also works without Cologne and without the Rhine. The idea that "alternative theoretical and practice models for political, participatory and social responsibility" are better tested in the Cologne art world - of all places - than in other similar, competing locations is as unlikely as a Kunsthalle becoming a good pub.

SIND ÖFFENTLICH FINANZIERTE INSTITUTIONEN ZUR VERMITTLUNG VON GEGENWARTSKUNST HEUTE NUR NOCH DIE STATTHALTER FÜR DEN PRIVATEN KUNSTMARKT?

ARE PUBLICLY FINANCED INSTITUTIONS DESIGNED TO FAMILIARIZE THE GENERAL PUBLIC WITH CONTEMPORARY ART NOW BUT AN EXTENSION OF THE PRIVATE ART MARKET?

SUSANNE GAENSHEIMER, KURATORIN FÜR GEGENWARTSKUNST / CURATOR OF CONTEMPORARY ART STÄDTISCHE GALERIE IM LENBACHHAUS, MÜNCHEN

Nein, keineswegs und es darf auch nie so weit kommen. Selbstverständlich ist die Gefahr sehr groß, dass aufgrund der permanenten Reduktion öffentlicher Gelder die Institutionen in eine finanzielle Abhängigkeit von kommerziellen Galerien und privaten Sammlern geraten. Kunstproduktionen und Ausstellungen werden immer kostspieliger, die Preise auch der ganz jungen Kunst steigen in irrationale Höhen und gleichzeitig sind die Museen und öffentlichen Institutionen immer mehr den staatlichen und städtischen Konsolidierungsmaßnahmen ausgeliefert. Es ist daher dringend notwendig, neue Wege einer produktiven Zusammenarbeit zwischen öffentlichen Institutionen und privatem Kunstmarkt zu entwickeln. Viele Galerien beispielsweise sind sich bewusst, dass sie von Museumsausstellungen profitieren und daher auch daran interessiert, sich an der Produktion von Kunstwerken und Publikationen finanziell zu beteiligen. Und immer mehr private Sammler möchten ihre Werke in öffentlichen Institutionen unterbringen, was zu sehr fruchtbaren Kooperationen führen kann - wobei dies nur dann wirklich sinnvoll ist, wenn der Sammler bereit ist, seine Werke als verbindliche Dauerleihgabe zur Verfügung zu stellen. Doch ist es gerade bei solchen Überschneidungen die vorderste Aufgabe des Museums, inhaltlich und programmatisch autonom und unkorrumpierbar zu bleiben und seine sammlungsspezifischen Konzepte unbeeinflusst von wirtschaftlichen Interessen zu verfolgen. Es ist dringend notwendig, dass Staat und Kommunen endlich die Notwendigkeit eines interessefreien, öffentlichen Raums für die Produktion und Rezeption von Kunst erkennen und diesen durch eine entsprechende Finanzierung gewährleisten.

No, absolutely not and this must never be allowed to happen. Of course, there is great danger that the institutions will become financially dependent on commercial galleries and private collectors, due to the permanent reduction of public funding. Art productions and exhibitions are becoming more and more expensive, prices of even very new art are rising disproportionately and at the same time, museums and public institutions are increasingly at the mercy of state and municipal consolidation measures. Thus there is an urgent need to develop new paths of productive cooperation between public institutions and the private art market. Many galleries, for example, are aware that they profit from museum exhibitions and are therefore also interested in getting financially involved in the production of artwork and publications. And an increasing number of private collectors want to display their works in public institutions, which can lead to thoroughly fruitful partnerships - whereby this only really makes sense if the collector is prepared to offer his works in the form of a binding, long-term loan. Yet it is precisely with overlaps such as these that a museum's most important task is to remain autonomous and incorruptible in terms of their program and system, and to follow its collection-specific concepts without being influenced by economic factors. Another urgent requirement is that the state and the communes finally acknowledge the need for an independent public space for the production and display of art and guarantee its survival by providing the necessary funding.

SIND KUNSTHALLEN HEUTE NOCH ZEITGEMÄSS?

IS A KUNSTHALLE STILL A CONTEMPORARY MODEL?

LIAM GILLICK, KÜNSTLER /
ARTIST, LONDON & NEW YORK

Nein, eine Kunsthalle ist kein zeitgenössisches Modell. Es besteht aber in jedem Fall die Möglichkeit, den Gebrauch des Wortes in Bezug zu einer revidierten Struktur fortzuführen, wenn auch nur, um den Verlust des Potentials eines bedeutsamen öffentlichen Raumes - eines frei flottierenden Signifikanten mit einer bestimmten historischen Bedeutung - zu vermeiden. Was, wie auch immer, zu vermeiden ist, ist die bloße Aufrechterhaltung eines Wortes in Beziehung zu einer Struktur, wenn es im Hinblick auf jene Name-Struktur-Beziehung nur als parodistisch oder paradox verstanden

werden kann. Eine Kunsthalle, die eine machtvolle Rolle im kulturellen Gefüge vermeidet, sollte in der Tat einen anderen Namen tragen. Wenn du eine spezifische, historisch determinierte Bedeutung
beziehungsweise einen Raum innerhalb einer Kultur einnehmen möchtest, dann nenn es Kunsthalle. Wenn du neu beginnen möchtest, be-
setze den sozialen / historischen / politischen Raum einer Kunsthalle,
ohne dies Kunsthalle zu nennen. Versichere dich aber gleichzeitig,
dass es keine andere Institution in der Stadt gibt, die aus recht-
lichen oder anderen Gründen Kunsthalle genannt werden kann. Wenn
du etwas ersetzen willst, darfst du es auch anderen nicht gestat-
ten, den intellektuellen Raum, den du transzendierst, einzunehmen.

No, a Kunsthalle is not a contemporary model. There is, however,
the possibility of continuing to use the word in relation to a
revised structure, if only to avoid losing the potential of a no-
tional public art space - a free-floating signifier that retains
specific meaning within a historical context. What is to be avoided, however, is the mere maintenance of a word in relation to a
structure where it can only be understood as parodic or paradoxi-
cal in terms of the name / structure relationship. A Kunsthalle that
avoids a powerful role in terms of the culture should actually carry another name. If you want to occupy a specific historically determined meaning / space in the culture then continue to call it a
Kunsthalle. If you want to start again, assume the social / historical / political space of the Kunsthalle without actually calling it
a Kunsthalle. But at the same time, ensure that there can be no
other institution within the city that can be called a Kunsthalle,
by legal or other means. If you want to replace something, you cannot allow others to assume the intellectual space that you are
transcending.

WELCHEN EINFLUSS HAT DIE URBANE SITUATION EINER KUNSTHALLE AUF IHRE PROGRAMMATISCHE AUSRICHTUNG?

WHICH INFLUENCE HAS THE URBAN LOCATION OF A KUNSTHALLE ON ITS PROGRAM?

KAROLA GRÄSSLIN, LEITERIN /
DIRECTOR KUNSTHALLE BADEN-BADEN

Ich denke, dass die urbane Situation einer Kunsthalle einen enormen Einfluss auf die programmatische Ausrichtung ausübt. In kleineren Städten, in denen das kulturelle Angebot nicht so ausgeprägt ist, hat man eine größere Spannbreite an Ausstellungsmöglichkeiten, die von der klassischen Moderne bis hin zu aktuellsten Tendenzen reicht. Es gibt viele Ausstellungsinstitutionen, die sich in Nicht-Kunstmetropolen durchsetzen konnten. Vorbilder sind für mich die Kunsthallen in Bern und in Basel, das Stedelijk Museum in Eindhoven oder die Museen in Krefeld und Mönchengladbach, Häuser, in denen früh wichtige KünstlerInnen mit ihren ersten institutionellen Ausstellungen zu sehen waren. Innerhalb der letzten Jahre ist es mir gelungen, den Kunstverein Braunschweig durch ein internationales Ausstellungsprogramm in den internationalen Ausstellungskontext zu integrieren. Nun ist es mein Ziel, an der großen Ausstellungstradition der Staatlichen Kunsthalle Baden-Baden anzuknüpfen und diese wieder zu einem Knotenpunkt der internationalen Kunstszene zu machen.

I think that the urban location of a Kunsthalle has an enormous influence on its orientation in terms of its program. In smaller cities, where the cultural offering is not so well developed, there is a greater range of exhibition options stretching from classical Modernity to the newest trends. There are many exhibition institutions that have been able to succeed in non-art cities. Personally I look to the Kunsthalles in Bern and in Basle, the Stedelijk Museum in Eindhoven and the museums in Krefeld and Mönchengladbach, where artists who became important at a young age could be seen with their first institutional exhibitions. In the last few years I have succeeded in integrating the Kunstverein Braunschweig into the international exhibition scene by means of an international exhibition program. Now my aim is to latch onto the great exhibition tradition of the Staatliche Kunsthalle Baden-Baden and make it a hub of the international art scene once again.

INWIEFERN IST EINE ZUKÜNFTIGE KUNSTHALLE RELEVANT FÜR EINE MÖGLICHE WISSENSGESELLSCHAFT?

IN HOW FAR IS A FUTURE KUNSTHALLE RELEVANT TO A POSSIBLE INFORMATION SOCIETY?

ULRIKE GROOS, DIREKTORIN /
DIRECTOR KUNSTHALLE DÜSSELDORF

Bei der Diskussion um die zukünftige Entwicklung unserer Gesellschaft nimmt der Begriff der „Wissensgesellschaft" einen besonderen Stellenwert ein und genießt - der Diskussion um „Globalisierung" und „Informationsgesellschaft" vergleichbar - derzeit eine größere Konjunktur. Gern wird dabei übersehen, dass diese Debatte mindestens bis in die 1960er Jahre zurückreicht, mit der Idee des „knowledge workers" (Wissensarbeiter) und den Studien von Daniel Bell zur „postindustrial society" einen ersten Höhepunkt erreicht und sich, bezogen auf die „Wissensbasierung" einer Gesellschaft, bereits bei Marx und Weber findet. Dass die „Wissensgesellschaft" nun zum jetzigen Zeitpunkt wieder stärker in den Mittelpunkt des gesellschaftlichen Interesses rückt, ist sicherlich der Diskussion um die „Niederlage von PISA", aber auch den Debatten um die Zukunft von Schule und Ausbildung geschuldet. Dass innerhalb dieser Neuorientierung der Blick wieder stärker auf die strategischen Orte der Wissensproduktion gelenkt werden würde, erscheint fast folgerichtig. Nun sind Museen, Kunsthallen und die verschiedensten Kulturinstitute ja nicht erst neuerlich als Hort von kulturellen Schlüsselressourcen etabliert und die Tatsache, dass kulturelle Bildung und kulturelle Kompetenz entscheidend für die Teilhabe am gesellschaftlichen Leben sind, zählt zu den Allgemeinplätzen, die dennoch nicht häufig genug wiederholt werden können. Entscheidend scheint mir jedoch die jeweilige Gestaltung des Zugangs zu diesen Ressourcen zu sein. Nicht nur die Qualität der Bildungsstandards und innovative Vermittlung von Wissen spielt hier eine Rolle, sondern auch der - wie es in der Magna Charta der Wissensgesellschaft heißt - „fehlerfreundliche Umgang mit Nichtwissen", zum Beispiel bei der Vermittlung von Kunst und Kultur an MigrantInnen, Kinder und Jugendliche, und auch der Vermittlung aktueller und experimenteller Positionen der Gegenwartskunst an SeniorInnen. Die Offenheit und Flexibilität von Kulturinstitutionen ist in diesem Kontext also gefragt. Offenheit auch im Sinne einer Unterstützung von alternativen und neuen Infrastrukturen zur Vermittlung von Kunst und Kultur, etwa im Rahmen von eigenständig agierenden, autonomen und mit unterschiedlichsten Kulturinstitutionen vernetzten Clubs, Salons oder Interessensgemeinschaften, ob temporär oder als ständige Einrichtung.

In the debate on our future social development, the term "knowledge society" assumes a particular importance and is currently enjoying, similarly to the debate on "globalization" and the "information society", a greater upturn. People like to overlook the fact that this debate stretches back at least to the 1960s, that it reached a first peak with the idea of the knowledge worker and studies by Daniel Bell on the postindustrial society and that it can be found already in Marx and Weber, in terms of a society's "knowledge base". The discussion on the "defeat of PISA" as well as debates on the future of schools and education are surely responsible for the fact that the "knowledge society" is currently making itself again more strongly felt at the center of social interest. It seems almost logical that within this reorientation the eye would again be more strongly directed towards the strategic location of knowledge production. Indeed, it is not only recently that museums, Kunsthalles and all kinds of cultural institutions have been established as a safe haven for key cultural resources, and the fact that cultural education and cultural competence are decisive factors for participation in social life is one of the general clichés that, however, cannot be repeated often enough. Nevertheless, it seems to me that the prevailing structure of access to these resources is the decisive factor. It is not only the quality of educational standards and innovative imparting of knowledge that plays a role here, but also the - as it is called in the Magna Carta of the knowledge society - "mistake-friendly dialog with non knowledge", e.g., in communicating art and culture to immigrants, children and young people, and also communicating current and experimental ideas of contemporary art to senior citizens. Thus in this context, cultural institutions need to be open and flexible. Open also in the sense of supporting alternative and new ways to communicate art and culture, for example, by independent, autonomous clubs, salons and groups networked with all kinds of cultural institutes, be they temporary or permanent.

WARUM MACHT ES FÜR GROSSE KUNSTBUCHVERLAGE ÖKONOMISCH SINN, MIT STÄNDIG UNTERFINANZIERTEN KLEINEN KUNSTINSTITUTIONEN ZUSAMMENZUARBEITEN?

WHY DOES CO-OPERATING WITH SMALL AND PERMANENTLY LOW-BUDGETED ART INSTITUTIONS MAKE SENSE FOR MAJOR ART BOOK PUBLISHERS?

UTA GROSENICK, LEKTORIN FÜR KUNST /
ART EDITOR DUMONT LITERATUR UND KUNST VERLAG, KÖLN

Aus ökonomischer Sicht macht die Zusammenarbeit von großen Buchverlagen mit „ständig unterfinanzierten Kunstinstitutionen" - wie Du es nennst - in der Tat nur begrenzt Sinn. Der direkte Zugang zur Kunst, den sie haben, die Herzlichkeit, mit der sie Künstlern begegnen und der Enthusiasmus, mit dem sie an die Arbeit gehen, sind allerdings für die Verlage eine derartige Bereicherung, dass sie sich nicht in Geldwert messen lassen können.

It is true from an economic perspective that collaboration between major publishers and "permanently low budgeted art institutions" - as you call them - only makes limited sense. However, the direct access to art that they have, the warmth with which they encounter artists and the enthusiasm with which they approach their work is such an enrichment for publishers that it cannot be measured in a monetary value.

BRAUCHEN WIR IN ZUKUNFT NOCH STATISCHE MUSEUMSGEBÄUDE FÜR DIE PRÄSENTATION VON KUNST ANGESICHTS DER ABLÖSUNG TRADITIONELLER KÜNSTLERISCHER MEDIEN DURCH PARTIZIPATORISCHE ANSÄTZE, BEWEGLICHE STRUKTUREN UND KONZEPTUELLE ARBEITEN?

FACING THE REPLACEMENT OF TRADITIONAL ARTISTIC MEDIA BY PARTICIPATORY APPROACHES, MOVEABLE STRUCTURES AND VOLATILE CONCEPTUAL WORKS, DO WE NEED STATIC MUSEUM BUILDINGS FOR THE PRESENTATION OF ART IN THE FUTURE?

KRIST GRUIJTHUIJSEN, FREIER KURATOR /
FREELANCE CURATOR, AMSTERDAM

Nein, das brauchen wir sicherlich nicht. Auch wenn ich sehr für das architektonische Element institutioneller Rahmenbedingungen, wie das des Museums, bin und große Bedeutung darin sehe. Aber ich denke nicht, dass wir jetzt noch ein neues Gebäude, voll mit „totem" Material in den Ausstellungsräumen, brauchen. Die European Kunsthalle könnte ein großartiges Beispiel für das gewandelte Verständnis einer Kunsthalle sein, das die Rahmenbedingungen der (Re)Präsentation von Kunst diskutiert. In diesem Sinne könnte sie besser als Gedanke denn als etwas Konkretes funktionieren. Ein alles überschauender „think-tank", der nicht an einen bestimmten Ort gebunden ist.

No, we do certainly not. Though, I support and see great importance in the architectural element of the institutional framework such as the one of a museum. I don't think we need yet another building stashed with "dead" material on display. The European Kunsthalle could be a great example for a conversive Kunsthalle that discusses frameworks within the (re)presentation of art. In that sense, it could work more as a thought than something concrete. An overviewing think-tank that's not connected to a certain place.

HABEN HEUTIGE KUNSTHALLEN NOCH ETWAS MIT DER IDEE VON KUNSTHALLE ZU TUN, WIE SIE SICH IN DEN 1960ER JAHREN ENTWICKELTE?

DOES A KUNSTHALLE TODAY STILL CORRESPOND TO THE IDEA OF THE KUNSTHALLE DEVELOPED IN THE 1960S?

JÜRGEN HARTEN, DIREKTOR /
DIRECTOR KUNSTHALLE DÜSSELDORF 1972-1998

Die „Kunsthalle", die nicht ein Museum ist (wie die Hamburger oder Bremer Kunsthalle) war, wie mir scheint, eine Erfindung der Sechziger Jahre. Damals ist der Begriff, dank der in Deutschland und in der Schweiz praktizierten, international beachteten Ausstellungspolitik (Düsseldorf, Köln, Baden-Baden, Bern, Basel), in den amerikanischen Sprachgebrauch eingegangen. Vorbild waren übrigens die Ausstellungen im Stedelijk Museum Amsterdam unter Willem Sandberg und im Moderna Museet unter Pontus Hulten. Seitdem gabelte sich die Entwicklung. Auf der einen Seite machten vielseitig genutzte Ausstellungsinstitutionen von sich reden, zum Beispiel die Royal Academy in London, der Martin-Gropius-Bau in Berlin, die Kunst- und Ausstellungshalle in Bonn oder auch der Guggenheim-Komplex. Auf der anderen Seite förderte das Prinzip Kunsthalle aktionistische, multimediale, performative, installative und alltagskulturelle Tendenzen, wie sie heute weltweit auf Biennalen zu finden sind. Dabei ist nicht zu übersehen, dass solche Tendenzen auch zur Gründung des „Museums der Gegenwart" beigetragen haben. Das „Museum of Contemporary Art" entstand erst, als das „Museum of Modern Art" nicht mehr „aktuell", also historisch geworden war.

The "Kunsthalle" that is not a museum (like the Hamburg or Bremen Kunsthalle) was, as I see it, a child of the 1960s. This is when, thanks to the exhibition practices of Germany and Switzerland (Düsseldorf, Cologne, Baden-Baden, Berne, Basle), which were noted all over the world, the term became common parlance in American art circles. Incidentally, exhibitions in the Stedelijk Museum Amsterdam under the direction of Willem Sandberg and in the Moderna Museet under Pontus Hulten were exemplary. Since then, the development of the Kunsthalle has taken different paths. On the one hand, exhibition institutions used for a variety of purposes made themselves heard, for example, the Royal Academy in London, the Martin-Gropius-Bau in Berlin, the Kunst- und Ausstellungshalle in Bonn and the various Guggenheim museums. On the other hand, the principle of the Kunsthalle promoted any number of tendencies, in terms of actions, multimedia, performances, installations and everyday culture, like those that can be found today at biennials all over the world. It must not be forgotten that tendencies such as these also contributed to the foundation of the "Museum der Gegenwart". The "Museum of Contemporary Art" came to be only when the "Museum of Modern Art" was no longer "current", i.e., had become historical.

INWIEFERN SIND DIE KUNSTINSTITUTIONEN DER „FESTUNG EUROPA" FÜR NICHT-WESTLICHE KÜNSTLERINNEN UND KÜNSTLER ZUGÄNGLICH?

TO WHAT EXTENT ARE "FORTRESS EUROPE" AND ITS ART INSTITUTIONS ACCESSIBLE TO NON-WESTERN ARTISTS?

THOMAS HAUSCHILD, PROFESSOR FÜR ETHNOLOGIE / PROFESSOR FOR ETHNOLOGY, UNIVERSITÄT TÜBINGEN

Die „Festung Europa" ist für Künstlerinnen und Künstler aus entlegenen Gebieten immer nur dann zugänglich, wenn es zumindest scheinbar viel Geld zu verdienen gibt (Malerei und Bildende Kunst aus China) oder wenn man sich exotistisch über die „Fremden" hinweg, durch sie hindurch ausdrücken kann als Europäer (Rolle exotischer SchauspielerInnen auf deutschen Bühnen) - und am allerbesten wenn beides zusammen geht. Selbst bei Avantgardekünstlern und Gesellschaftskritikern kommen „Exoten" nur in unterstützenden und erotischen Rollen vor. Krasse Ausnahmen wie das wunderbare muslimische Freitagsgebet und die „Gastarbeiter" in Stegmanns „Vor Sonnenaufgang" (Burgtheater) bleiben interessanter Weise unkommentiert und unbeachtet.

"Fortress Europe" is only accessible to artists from remote areas when there at least appears to be a lot of money to be made (paintings and visual art from China) or for those able to express themselves in an exotic way as Europeans, through and then beyond their "foreigner" image (roles for exotic actresses in German theater, for example) - best of all is when they can do both at the same time. The same is true even of avant-garde artists and social critics, where "exotics" appear only in supporting and erotic roles. Glaring

exceptions such as the wonderful Muslim Friday prayer and the Gastarbeiter in Stegmann's "Vor Sonnenaufgang" (Burgtheater) still go,
interestingly, uncommented and unnoticed.

HABEN FORMEN DER INSTITUTIONALISIERUNG EINEN LIMITIERENDEN EFFEKT AUF UNABHÄNGIGE PROJEKTE?

ARE FORMS OF INSTITUTIONALISATION LIMITING TO INDEPENDENT PROJECTS?

VÍT HAVRÁNEK, PROJEKTLEITER /
PROJECT COORDINATOR TRANZIT.CZ, PRAHA

Ich verstehe ein „unabhängiges Projekt" als eine Aktivität, bei der
finanzielle oder personelle Ressourcen von Innen her durch die Beteiligten und ohne große Unterstützung vom Staat, der Stadt oder einer anderen Körperschaft von „Außen" definiert werden. Eine solche
Aktivität ist das Resultat von bürgerlichem Enthusiasmus. Ich stim-
me Hakim Bey, T.A.Z., zu, dass eine solche Initiative ihre Unabhängigkeit verliert und beginnt in Beziehung zum so genannten allgemeinen Interesse zu agieren, sobald sie offiziell wahrgenommen
und anerkannt wird. Darum rät Bey jeder autonomen Zone, temporär
zu bleiben. Bestimmte „unabhängige Initiativen" aber entstehen bereits mit der Hoffnung auf offizielle Anerkennung beziehungsweise
Institutionalisierung. Ich denke, dass das auch das Interessanteste
an diesem Modell ist: die Beziehung zwischen den so genannten „unabhängigen Initiativen" und den offiziellen institutionellen Strukturen, da sie die Basis aller unabhängiger Projekte ist. Das Be-
wusstsein für die Institution als eine Art negative Selbstdefini-
tion, ist heute eines der wichtigsten Antriebskräfte für Unabhängigkeit. Sehr gute Beispiele dafür können in der Kunst selbst gefunden werden - momentan bei der Konzeptkunst oder Land Art: In bestimmten Fällen dachten die KünstlerInnen, dass ihr Programm und die Bedeutung, die sie transportieren, Veränderungen in den Institutionen
bewirken könnten. Davon sind aber nur diese interessant, die ihre
Strategien angepasst haben und die Institutionen selbst als einen
der Gegenstände ihrer Auseinandersetzung thematisiert haben.

I understand an "independent project" as an activity where financial or working forces äre defined internally by the group of

people without strong support by the state, municipal or corporate body "outside". Such an activity is a result of citizens' enthusiasm. I agree with Hakim Bey, T.A.Z., that once such an initiative is officially recognized and adopted it loses its own autonomy and acts in relation within the so-called general interest. That's why Bey proposes to each autonomous zone to be temporary only. But certain "independent initiatives" are already born with a hope to be officialised or institutionalised. I think that is the most interesting in this model: the relation between so called "independent initiatives" and the official institutional structures, since this is the basis of any independent project. The awareness of institutions as a kind of negative self-definition is a main operation that motivates independency today. Very good examples could be found in art itself - in case of conceptual or land art for the moment: in certain cases the artists thought that their program and the meaning they bring could change the institutions. But only these are interesting who adopted their strategy and thematised institutions themselves as one of the matters they were dealing with.

WIE WICHTIG IST INTERNATIONALE VERNETZUNG FÜR INSTITUTIONEN ZEITGENÖSSISCHER KUNST?

HOW IMPORTANT IS THE CREATION OF AN INTERNATIONAL NETWORK FOR ART INSTITUTIONS?

—

MARKUS HEINZELMANN, DIREKTOR /
DIREKTOR MUSEUM MORSBROICH, LEVERKUSEN

Kaum eine Kulturlandschaft in Europa ist so intensiv international vernetzt wie Deutschland mit seinen äußerst vielfältigen Institutionen zeitgenössischer Kunst. In den großen Kunstvereinen, zum Teil auch in den Kunsthallen und Museen oder auf den Biennalen, geben sich künstlerische Direktoren internationaler Provenienz die Klinke in die Hand. Gastkuratoren aus aller Welt ergänzen das Bild, das in der reichen multinationalen Künstlerauswahl seinen Ausdruck findet. Nur durch Vernetzung lassen sich blinde Flecken in den kuratorischen Konzepten vermeiden. Und vor allem lassen sich durch die internationale Anbindung die lokalen Produktions- und Rezeptionsstrukturen erweitern und damit die Qualität des künstlerischen und sozialen Diskurses. Denn schließlich definiert sich das nachhaltige Interesse an der Kunst durch die Relevanz ihrer gesellschaftlichen Fragestellungen. Insofern ist die Frage mit „sehr wichtig", ja geradezu „überlebensnotwendig" zu beantworten. Die Antwort scheint so selbstverständlich, dass sich ein Blick auf die Kehrseite der internationalen Vernetzung lohnt: Wird die Internationalität zum Fetisch der Kuratoren, entstehen gerne Produkte, die ich analog zur Diskussion um die Skulptur im öffentlichen Raum „drop exhibitions" nennen möchte: Programme, die an jedem beliebigen Ort abspielbar sind. Ein konsistentes Ausstellungsprogramm sollte sich jedoch nicht in der Möblierung leerer Ausstellungsflächen erschöpfen, sondern einen Ortsbezug aufweisen. Er kann sich zum Beispiel durch einen kritischen Umgang mit der Geschichte der Institutionen und ihrer Ausstellungstradition oder durch die Berücksichtigung der lokalen Strukturen konstituieren. Auf dieser Grundlage kann ein neuer Kurator eine Institution durchaus vollständig entgegengesetzt zu seinem Vorgänger positionieren, weil der Gegensatz einen Anknüpfungspunkt bildet. Anders ausgedrückt: Ein Programm muss vermittelbar sein. Wer keine Verpflichtung gegenüber dem lokalen Publikum verspürt, begibt sich auf ein dünnes Eis, weil dann der absolute Publikumserfolg zur Messlatte wird. Das Ergebnis ist zurzeit in den Hinterzimmern der Politik und in allen Diskussionsrunden der Vorstande und Freundeskreise von Institutionen zeitgenössischer Kunst zu hören: So was wie „Das MOMA in Berlin" soll es sein! Auch für eine solche Ausstellung muss man gut vernetzt sein. Doch da kippt die Internationalität um in pure Globalisierung. Anstelle von neuen Netzknoten werden Netzklone produziert. Internationale Vernetzung ist wichtig, solange sie nicht zu einem losgelösten System des karrieristischen Mehrwerts mutiert.

There is hardly a cultural landscape in Europe that is so intensively internationally networked as Germany, with its extremely diverse institutions of contemporary art. In the major art associations, and partly in the Kunsthalles and museums and at biennials, too, there is an endless coming and going of internationally renowned artistic directors. Guest curators from every corner of the globe complete the picture that finds expression in the rich multinational choice of artists. Blind spots within curatorial concepts can only be avoided through networking. And above all, it is international contact that leads to the extension of local structures of production and reception and thus the increase in the quality of artistic and social discourse. For in the end, a lasting interest in art is defined by the relevance of its social questions. In this regard, it is indeed a "matter of survival" to answer the question regarding "very important". The answer seems so obvious that it is worth taking a look at the other side of international networking: If internationality becomes a fetish of curators, then we see the emergence of products that I like to call "drop exhibitions", similarly to the discussion on sculpture in public spaces: Programs that can be put on in any old place. A logical exhibition program should not, however, consist of the furnishing of empty exhibition spaces, but rather make reference to a place. For example, it can constitute a critical dialog with the history of the institution and its exhibition tradition or a consideration of local structures. In this way, a new curator can orient an institution in completely the opposite direction to his predecessor, because the contrast forms a starting point. In other words, a program must be able to be communicated. Those who do not feel a sense of duty towards the local audience will find themselves on thin ice, because then absolute audience success becomes the yardstick. The result can currently be heard in politicians' back rooms and in all the discussions of the boards and 'friends of' associations of institutions of contemporary art: It is supposed to be something like "The MOMA in Berlin!" You have to be well-networked even for an exhibition such as this. Yet this is where internationality turns into pure globalization. Instead of new network nodes, network clones are produced. International networking is important, as long as it does not mutate into a removed system of careerist value added.

WAS SIND DIE ORTE
DER ZEITGENÖSSISCHEN KUNST?

WHAT ARE THE PLACES FOR
CONTEMPORARY ART?

–

JÖRG HEISER, AUTOR UND CO-CHEFREDAKTEUR /
AUTHOR AND CO-EDITOR-IN CHIEF FRIEZE MAGAZINE, BERLIN

Kunsthallen sind so zeitgemäß, wie die Leute, die sie betreiben. Nicht jede, aber fast jede vorgefundene Struktur - erfüllt sie architektonische und urbanistische Mindestanforderungen wie halbwegs zentrale Lage und räumliche Adaptierbarkeit für die Anforderungen zeitgenössischer Kunst - kann zu einem guten Ort zeitgenössischer Produktion und Vermittlung werden, wenn Ideen und ästhetische Erfahrung im Vordergrund stehen, nicht Kulturbürokratie und ökonomische

Standortpolitik. Dazu trägt bei, wenn ein relativ kleines Team relativ autonom arbeiten kann und zugleich nicht von lediglich einer Finanzierungs- und Administrationsinstanz kontrolliert wird, sondern selbst die ökonomischen und politischen Bedingungen zumindest mit beeinflussen kann - gemischte Modelle. Vernetzungs- und Workspace-Rhetorik jedoch lenkt oft von den Aufgaben einer angemessenen Vermittlung künstlerischer Produktion ab und überbetont die Rolle der KuratorInnen als Diskursteilnehmer gegenüber der der KünstlerInnen. In diesem Sinne: „Show me, don't tell me", wie die Scriptwriter sagen. Die europäische Kunsthalle stellt eine einzigartige Chance dar, entsprechend der oben skizzierten Punkte alles richtig zu machen. Alles weitere ist ortsspezifisch.

Kunsthallen are as contemporary as the people running them. Not every, but almost any given structure - provided it fulfills the architectonic and urbanistic basic requirements such as a halfway central location and the spatial adaptability for contemporary art - can become a good place for contemporary production and mediation so long as the focus remains on ideas and aesthetic experience rather than cultural bureaucracy and local economic policy. Another contributing factor would be if a relatively small team can work in a relatively autonomous way and, instead of merely being supervised by a financial and administrative authority, can at least affect the economic and political parameters themselves - hybrid models. Networking and workspace rhetoric, however, often deviates from the task of appropriate mediation of artistic production and overemphasizes the curator's role over the artists' as a participant in discourse. In other words: "Show me, don't tell me", as the scriptwriters say. The European Kunsthalle is a unique chance to do it all right according to the points outlined above. Anything else is site-specific.

WELCHE RELEVANZ HABEN MEDIALE VERÄNDERUNGEN INNERHALB DER BILDENDEN KUNST FÜR DIE STRUKTUR EINER KUNSTHALLE?

HOW RELEVANT ARE CHANGES IN MEDIA IN THE FINE ARTS FOR THE STRUCTURE OF A KUNSTHALLE?

BARBARA HESS, KRITIKERIN /
CRITIC, KÖLN

Diese so grundlegende und dementsprechend schwer zu beantwortende Frage erinnerte mich spontan an Martin Kippenbergers Arbeit „Heute denken - morgen fertig". Ein Projekt wie „Die Frage des Tages" scheint mir selbst schon ein Reflex auf die darin angesprochenen „medialen Veränderungen" zu sein, unter denen heute nicht nur Kunst produziert / distribuiert / rezipiert wird. Der ubiquitäre Druck, ständig Neuigkeitswerte zu erzeugen, um einen steten Fluss von Aufmerksamkeit in Gang zu halten, ist sicher eine der zahlreichen Begleiterscheinungen und Herausforderungen dieser Situation. Grundsätzlich bedingen sich strukturelle Veränderungen von Bildender Kunst und Kunstinstitutionen selbstverständlich gegenseitig. Die European Kunsthalle bildet in der langen Geschichte dieser Wechselbeziehungen einen interessanten Sonderfall, weil ihre Strukturen weniger fest gefügt erscheinen als die anderer Institutionen, und genau darin liegt ihre Chance, diese Geschichte auf innovative und zukunftsweisende Art und Weise fortzuschreiben.

This very fundamental question, which is thus difficult to answer suddenly reminded me of Martin Kippenberger's work "Heute denken - morgen fertig" (Think today - finish tomorrow). A project like "The Question of the Day" seems even to me to be a reflex of the "changes in the media" mentioned in it, which today do not just refer to the production / distribution / reception of art. The ubiquitous pressure to constantly create something newsworthy, to hold attention at a constant level, is certainly one of the numerous aspects and challenges of this situation. Naturally, structural changes in the visual arts and art institutions fundamentally determine each other. The European Kunsthalle is an interesting special case in the long history of these mutable relationships, because its structures appear to be less fixed than those of other institutions, and it is precisely this that gives it the chance to continue writing this history in an innovative and trail-blazing way.

SOLL BEZIEHUNGSWEISE KANN KUNST BILDUNGSAUFGABEN ÜBERNEHMEN?

SHOULD OR CAN ART TAKE ON EDUCATIONAL TASKS?

MICHAEL HIRSCH, PHILOSOPH /
PHILOSOPHER, MÜNCHEN

Schon lange nimmt die Kunst solche Aufgaben wahr. Das spricht vor allem gegen die anderen, offiziellen Institutionen der Bildung, die vom Staat gezielt heruntergewirtschaftet werden. Allerdings ruht sich die Kunst in ihrer institutionalisierten Form etwas zu sehr darauf aus. Sie vertraut zu sehr auf ihre gesellschaftliche Sonderstellung, auf ihren Charakter als Leerstelle des Diskurses. Dadurch kommt es tendenziell dazu, dass aus der Bildung eine institutionalisierte Form der Halbbildung wird. Insofern wäre der Schluss zu ziehen, dass gerade von der Kunst eigentlich vermehrt Anstöße zur Gründung von wirklichen Institutionen der Bildung (Akademien, Universitäten und so weiter) ausgehen müssten, anstatt nur ästhetische Forderungen nach denselben. Dann ginge es darum, die überall beschworenen transdisziplinaren Formen des Diskurses und des Lernens nicht nur anzudeuten als Desiderat, sondern tatsächlich in der kulturellen Praxis einzulösen.

Art has perceived such tasks for a long time. This definitely contradicts the other, official educational institutions that are deliberately ruined by the state. However, art in its institutionalized form rests a little too much on this. It places too much confidence in its special social position, in its role as a blank space in the discussion. In this way, it tends to mean that education becomes an institutionalized form of superficial education. The conclusion in this regard would therefore be that it is actually art that is the source of increased stimuli for the foundation of real educational institutions (academies, universities etc.), instead of just aesthetically promoting them. Then it would not only involve indicating as desirable the transdisciplinary forms of discussion and learning, which are accepted all over, but rather actually honoring them in cultural practices.

WELCHE REZEPTIONSLEISTUNGEN VERLANGT EINE DEZENTRALE INSTITUTION DEM PUBLIKUM AB?

WHAT DOES A DECENTRAL INSTITUTION EXPECT FROM THE GENERAL PUBLIC IN TERMS OF AN ABILITY TO RECEIVE ARTWORKS?

TOM HOLERT, KUNSTKRITIKER UND KULTURWISSENSCHAFTLER /
ART CRITIC AND CULTURAL EXPERT, BERLIN

Im Prinzip keine anderen als die, die ohnehin notwendig sind, um sich über die Produktion Bildender Kunst zu informieren. Kulturinstitutionen werden als Teil eines Netzwerks von Institutionen wahrgenommen, beansprucht und konsumiert. Diejenige Fraktion des Publikums, die sich - gewissermaßen dem traditionellen Abonnementprinzip folgend - auf ein Opernhaus, einen Kunstverein, einen Buchclub allein konzentriert und auf diese Weise die eigene kulturelle Aktivität eingrenzt, ist im Schwinden begriffen. Ausstellungen oder Inszenierungen werden mit anderen Ausstellungen und Inszenierungen in Beziehung gesetzt. Der Kontext der Kunstrezeption ist das Kunstsystem, und dieses System ist - wie der Markt, der es trägt - transnational und dezentral organisiert (sieht man einmal von bestimmten Städten und Leitinstitutionen ab, die als „Zentren" konstruiert werden). Der Besuch von Kulturinstitutionen ist überdies Teil des touristischen Programms - ob nun in der eigenen Stadt oder anderswo. Zu den Ambitionen angehender oder routinierter „culturati" gehört es, sich auszukennen, was immer auch bedeutet: zu reisen. Das Dezentrale einer Institution wie der europäischen Kunsthalle, räumlich wie administrativ, entspricht daher einer gewissen Dezentriertheit der Subjekte des Kulturbetriebs. Vielleicht werden diese dezentrierten Subjekte von einer Institution, die sich programmatisch als dezentral entwirft, sogar auf besondere Weise in ihrer Subjektivität konstituiert.

In principle, only that which is necessary for them to learn about the production of visual art. Cultural institutions are perceived as part of a network of institutions, called for and consumed. That fraction of the public which, in a way following the traditional principle of subscription, only concentrates on one opera house, one art association, one book club and in this way limits their cultural activities, is falling. Exhibitions or orchestrated events are linked with other exhibitions and orchestrated events. The art system forms the context for how we receive art, and this system is-like the market that supports it-organized in a transnational and decentralized way (if we overlook certain cities and leading institutions designed as "centers"). Moreover, visits to cultural institutions are part and parcel of being a tourist, be it in your own city or elsewhere. One of the ambitions of prospective or experienced "culturati" is to know one's subject, which always also means to travel. Thus the decentralized aspect of an institution like the European Kunsthalle, in terms of both space and administration, corresponds to a certain decentralized nature of the subjects of the culture market. Perhaps these decentralized subjects of an institution, which designs itself to be decentralized, are even constituted, in a particular way, in their subjectivity.

INWIEWEIT SIND BESUCHERZAHLEN RELEVANT FÜR DEN ERFOLG EINER KUNSTHALLE?

IN HOW FAR IS THE NUMBER OF VISITORS RELEVANT FOR THE SUCCESS OF A KUNSTHALLE?

—

MAX HOLLEIN, DIREKTOR / DIRECTOR SCHIRN KUNSTHALLE, LIEBIGHAUS, STADELMUSEUM, FRANKFURT AM MAIN

Die Besucherzahl symbolisiert nicht den Erfolg einer Kunsthalle, sie ist aber von größter Bedeutung für den Erfolg einer Kunsthalle. Denn eine hohe Besucherzahl schafft langfristige Freiräume gegenüber den politisch handelnden Auftraggebern und ihrer Öffentlichkeit, sie signalisiert Akzeptanz und verhindert so das in Frage stellen von komplexeren inhaltlichen Ausrichtungen. Mit einer hohen Besucherzahl kann man auf Dauer genau das Programm machen, welches man machen will. Mit einer niedrigen Besucherzahl läuft es auf Dauer genau gegenteilig. Die Leistung in diesem Zusammenhang besteht also darin, mit einem inhaltlich komplexen Programm hohe Besucherzahlen zu erreichen-das ist einer, wenn nicht der absolute Erfolgsmoment einer Kunsthalle.

The number of visitors does not symbolize the success of a Kunsthalle, but it is very important for its success. This is because a high volume of visitors creates long-term room for maneuver with respect to clients acting to political ends and their public, it signalizes acceptance and thus prevents the questioning of more complex ideas in terms of the program. With high numbers of visitors you can follow the program that you want on a long-term basis. With lower visitor numbers it has the exact opposite effect in the long run. In this context therefore, the achievement exists in attaining high visitor numbers with a complex program-this is one, if not the moment of success for a Kunsthalle.

WELCHEN STELLENWERT NIMMT DIE PERSONALISIERUNG VON KÜNSTLER/INNEN UND KURATOR/INNEN IN DER ZEITGENÖSSISCHEN KUNSTKRITIK EIN?

WHAT STATUS DOES THE PERSON-CULT SURROUNDING ARTISTS AND CURATORS HAVE IN CONTEMPORARY ART CRITICISM?

FLORIAN ILLIES, AUTOR UND HERAUSGEBER /
AUTHOR AND PUBLISHER MONOPOL. MAGAZIN FÜR KUNST UND LEBEN,
BERLIN

Kunstkritik war natürlich bei Vasari oder Julius Meier-Graefe, um zwei extreme Beispiele zu nehmen, schon immer personalisiert. Und der gegenwärtige Kunstbetrieb offeriert mit dem immer bedeutender werdenden Typus des Galeristen und dem des Kurators noch zwei weitere Chancen zur ausgiebig personalisierten Berichterstattung. Doch wenn diese Kunstreportagen dem Leser dann nicht nur etwas über die Person erzählen, sondern auch über die Verfassung und die Möglichkeiten der Kunst als Mittel der Gegenwartsdeutung und über das subtile Geflecht der Kunstwelt, dann können es besonders interessante journalistische Texte sein. Wichtig ist jedoch, dass darüber die klassische Kunstkritik, also die Werkkritik ohne Ansehen der Person, nicht vergessen wird, denn neben all den interessanten Interviews und Atelierbesuchen wüsste man eben doch auch gerne, ob dieser oder jener gefeierte Jungstar gerade überzeugende, qualitätsvolle Kunst geschaffen hat-oder eben nicht.

Art critique has of course, with Vasari and Julius Meier-Graefe, to name two extreme examples, always been personalized. And with the ever more important professions of gallery owner and of curator, the present art business offers two further chances for plenty of personalized reviews. Yet, when these art texts tell the reader not only about the person, but also about their artwork, the possibilities of art as a means of referring to the present and the subtle interwoven fabric of the art world, then they can be particularly interesting journalistic texts. It is important, however, that we do not forget about classic art criticism, i.e., criticism of art without considering the artist, for, along with all the interesting interviews and studio visits, we would actually also like to know whether this or that celebrated young star has produced some convincing, quality art - or not.

KANN ZEITGENÖSSISCHE KUNST EINE FORM DES WISSENS BIETEN, DAS SICH IN BESONDERER WEISE AUF DIE HEUTIGE GESELLSCHAFT BEZIEHT?

CAN CONTEMPORARY ART PROVIDE A FORM OF KNOWLEDGE PARTICULARLY ADAPTED TO TODAY'S SOCIETY?

–

HENRIK PLENGE JAKOBSEN, KÜNSTLER /
ARTIST, KØBENHAVN

Ich denke, Kunst bereichert immer mit klassischen Tugenden wie Immaterialismus, Kritik und Komplexität. Schließlich ist Kunst eine der letzten Möglichkeiten von Utopie und ich bin überzeugt, dass das Nachdenken über Utopien ein Wissen ist, das die Welt braucht.

I think that art always contributes with classic virtues such as immaterialism, critique and complexity. Ultimately art is one of the last utopian possibilities, and I am convinced that thinking about utopia is a knowledge that this world needs.

WIE GROSS IST DIE GEFAHR FÜR INSTITUTIONEN ZEITGENÖSSISCHER KUNST, DASS SIE VON SPONSOREN ABHÄNGIG WERDEN?

IS THERE A THREAT FOR INSTITUTIONS FOR CONTEMPORARY ART TO BECOME DEPENDENT ON THEIR SPONSORS?

GREGOR JANSEN, KURATOR / CURATOR
MUSEUM FÜR NEUE KUNST, KARLSRUHE

Die ist sicher groß, wenn Gegenwartskunst als hippe Glamourbühne immer breiter präsent wird und die öffentlichen Mittel gegenteilig weg brechen. Meines Erachtens aber ist eben die Gefahr viel größer, von dem immer „Neuesten", von immer schnelleren Programmen und trendigeren Namen abhängig zu werden, als von (meist doch nicht vorhandenen und dann aber zahmen) Sponsoren. Attraktivität kann aufgrund fehlender Mittel kaum mehr im wissenschaftlich fundierten und damit zeit- wie kostenintensiveren Bereich erlangt werden, sondern wird über das Einbringen aktuellster Tendenzen häufig alleine (auch finanziell) eingefordert. Unabhängigkeit kann - soviel ist sicher - nur über eine kontinuierliche und ausreichende finanzielle Grundausstattung erreicht werden.

There is of course a great danger when contemporary art makes an ever greater impact as a hip catwalk and public funds are increasingly scarce. In my view however, the danger is much greater of becoming dependent on only the "newest" ideas, the ever faster programs and trendier names than on sponsors (who are mostly nonexistent and then only docile). Attractiveness can hardly be attained anymore in the economically established sector, which is hence more time and money intensive, due to a lack of means. Rather it is frequently called for on its own (also financially) by implementing the newest trends. Independence can, this much is certain, only be achieved with continuous and sufficient financial basic funds.

SIEHT MAN DIE ZUKÜNFTIGE EUROPEAN KUNSTHALLE ALS EINEN ORT KULTURELLER PRODUKTION, DER DIE IMMER GRAVIERENDEREN GESELLSCHAFTLICHEN UMBRÜCHE VORWEG-NIMMT, SOLLTE MAN SIE DANN UMBENENNEN?

WHEN WE SEE THE FUTURE EUROPEAN KUNSTHALLE AS A SPACE FOR CULTURAL PRODUC-TION ANTICIPATING ACTIVELY ON AN EVER VAST-LY CHANGING WORLD, SHOULD WE RENAME IT?

RENSKE JANSSEN, KURATORIN / CURATOR WITTE DE WITH.
CENTER FOR CONTEMPORARY ART, ROTTERDAM

Nicht zwingend, denke ich. Ein beständiger Titel wie der der European Kunsthalle, könnte suggerieren, dass sich ihre Aktivität auf den „Verkauf" von etwas, das ohne ihn unmöglich zu verkaufen wäre (das ist zum Bespiel eine Form das Branding) konzentriert. Von dieser Auffasung müssen wir uns frei machen, da es nicht immer notwendig ist, zu „branden". Und desto größer die Idee und die Institution wird, umso mehr Qualität entfaltet sie trotz rostiger bürokratischer Strukturen und politischer Verflechtungen. Was aber notwendig ist, ist die Folgerichtigkeit eines Markenzeichens. Wenn sich also die Kunsthalle über ein Programm repräsentiert, dass als aktives kritisches Instrument der Reflexion gesellschaftlicher Entwicklungen dient, dann muss sie auch so handeln. In diesem Fall würde das bedeuten, Kunstausstellungen entlang einer Agenda der Produktion kritischer Überlegungen zu bedeutsamen ästhetischen Bewegungen zu entwickeln. Wenn man aber in Betracht zieht, dass die EU gemäß der Maastrichter Verträge gegründet und ausgebaut wurde, um die Wirtschaft seiner Mitgliedsstaaten anzukurbeln, und wenn man sich weiter vergegenwärtigt, dass ihre Struktur Individuen gewaltsam daran hindert, die Grenzen Europas nach innen zu übertreten um neoliberale Positionen aufrecht zu erhalten, dann kann der Bedeutungsträger „European" auch im Dienste statt in Opposition zu dieser (brutalen) Realität gelesen werden. Das Programm der European Kunsthalle sollte deshalb ein Gegenpol sowohl zur Trickkiste des Marktes als auch zu ihren übergeordneten Strukturen sein.

Not necessarily, I think. A steady name, such as European Kunsthalle, might suggest that its activity is focused on 'selling' something that otherwise would be impossible to 'sell' (i.e. that it is a form of branding). This is an idea that we need to get rid

of, because it is not always necessary to brand. And the bigger
the idea and institution gets, the more its quality will dissolve
in rusty bureaucracy and political intrigue. What is necessary,
though, is the consistency of the "brand". So, if the Kunsthalle
is representing itself through a program that serves as a critical
and active instrument to reflect upon the developments in society,
then it will be its fate to do so. In this case, that would mean
developing the agenda of producing critical reflections on aesthet-
ical motives that matter when showing art. But, knowing that the
EU was formed and redefined with the Maastricht Treaty to allow its
members' economy to blossom, and realizing that the structure vio-
lently excludes individuals from crossing the borders into Europe
in order to sustain neo-liberal positions, the signifier 'European'
could also be seen to promote rather than to oppose to this (bru-
tal) reality. The program of the future European Kunsthalle should
therefore become an antidote to the gimmicks and glances of the
ways of the market and of related superstructures.

WELCHE RELEVANZ HAT DAS ZEITGENÖSSISCHE EUROPÄISCHE KUNSTGESCHEHEN HEUTE IN DER TRANSATLANTISCHEN WAHRNEHMUNG?

HOW RELEVANT SEEMS CONTEMPORARY EUROPEAN ART FROM A TRANSATLANTIC POINT OF VIEW?

-

GIANNI JETZER, DIREKTOR / DIRECTOR SWISS INSTITUTE.
CONTEMPORARY ART, NEW YORK

Eine schwierige Frage, die man mit keiner einfachen Antwort kon-
tern kann. Klar ist die transatlantische Supraleitung heute Realität - und dennoch vor allem marktgebunden. Die ganz jungen Talente
schaffen es innerhalb kürzester Zeit in die Galerieräume von Chelsea und amerikanische Sammler tauchen schon sehr früh bei Diplom-
ausstellungen in Europa auf. Thomas Bayrle als „Altmeister" musste
hingegen auf seine erste Einzelausstellung in Amerika bis zum Früh-
ling dieses Jahres warten. Auf diskursiver Ebene verhält sich alles
noch ein bisschen langsamer. Einer Stadt wie New York „Entschleu-
nigung" als Tendenz der Gegenwart zu vermitteln, braucht Geduld.

A difficult question, with no simple answer. It is clear that trans-atlantic supra-management is a reality today, and yet above all is market-bound. Very young talent makes it into galleries in Chelsea in a very short space of time and American collectors appear very early on at European diploma exhibitions. In contrast, Thomas Bayrle had to wait until the spring of this year for his first solo exhibition in the USA as an "old master". From a discursive point of view, everything is a little slower. Communicating "decelera-tion" to a city like New York as a current trend requires patience.

WARUM FINDEN DESIGNER/INNEN KUNSTAUSSTELLUNGEN LANGWEILIG?

WHY ARE DESIGNERS BORED BY ART EXHIBITIONS?

-

CHRIS KABEL, DESIGNER, ROTTERDAM

DesignerInnen und KünstlerInnen werden von den finanziellen Trä-gern, KuratorInnen und Medien oft über einen Kamm geschoren. Fakt ist: Sie gleichen sich wie ein Ackergaul und ein Zirkuspferdchen. Wo Kunst oft Beunruhigung und Konfrontation erzeugt, versucht De-sign zu trösten und zu gefallen. Ich habe noch nie Design gesehen, das ein richtiges Anliegen hat – egal ob historisch, sozial oder po-litisch. Das ist auch nicht die Aufgabe von Design. Ich denke, dass Design eine ziemlich unpolitische Branche ist. DesignerInnen sind an den visuellen und konzeptionellen Aspekten der Kunst interes-siert. Politische oder soziale Stellungnahmen sind nicht ihr An-liegen und werden oft sogar als das Gegenteil ihrer Praxis er-achtet. Diese sucht lediglich nach der Schönheit des Materials und Konzepts. Das bedeutet nicht, dass DesignerInnen Kunstausstellun-gen langweilig finden, sie haben lediglich gelernt diese auf eine andere Weise zu lesen.

Designers and artists are often placed on one big heap by funding bodies, curators and media. The fact is: They are about the same as a farm horse and a circus pony. Where art often causes concern and confrontation, design tries to console and please. I have never seen a design that shows some real concern – either historically, social-ly or politically. This is also not the task of design. I think design is a very a-political profession. Designers are interested in the visual and conceptual aspects of art. Nice effects and wonderful ideas are understood and interpreted. A political or social stance is none of their concern and is often even regarded as opposed to their practice. They are merely looking for beauty in material and concept. This does not mean that designers find art exhibitions boring, they have just educated themselves to interpret them in a different way.

WELCHEN EINFLUSS HAT DIE GALERIENLANDSCHAFT EINER STADT AUF DIE ARBEIT DER ORTSANSÄSSIGEN INSTITUTIONEN FÜR ZEITGENÖSSISCHE KUNST?

WHAT INFLUENCE DOES A CITY'S COMMERCIAL GALLERY LANDSCAPE HAVE ON ITS LOCAL CONTEMPORARY ART INSTITUTIONS?

JOHANN KÖNIG & KIRSA GEISER, GALERISTEN / GALLERISTS, BERLIN

Ein schönes Wort ist das, Galerienlandschaft. Hört sich an wie ein gepflegter, heterogener Zusammenschluss von Galerien. Alle wachsen, mal mehr mal weniger, und ergeben zusammen eine vor allem räumliche Situation, die durchschritten und beobachtet werden kann. Hier ein größer Baum, dort eine kleines Feld. Wichtig ist: Wachstum. Je besser eine Landschaft gepflegt wird, desto besser das – auch selbst erzeugte – Klima, desto mehr kann wachsen. Das „Klima für Kunst" wird auch in einer Stadt deutlich interessanter, desto mehr interessante Ausstellungen stattfinden, desto mehr Bohème dort zusammen kommt. Zu dieser Situation tragen Galerien bei. Sie investieren Geld und Energie in Künstlerkarrieren und Ausstellungen, die gesehen werden. Die Institutionen sind sicherlich unabhängig von den Galerien. Dennoch würde ich behaupten: Je prosperierender die Galerien sind, desto wichtiger wird der jeweilige Standort „Stadt" beziehungsweise öffentliche Institution für die Bildende Kunst im Allgemeinen, denn es kommen interessierte Künstler, Sammler, Kuratoren oder Kritiker, die sich informieren. Da viele „Bewegungen" (wie zum Beispiel der Zuzug von Künstlern in eine Stadt) auch medial verwertet werden, steigt insgesamt die Möglichkeit „gesehen zu werden". Doch Eines kann auch die blühendste Galerienlandschaft nicht verändern: Die Blüten, die zuweilen die Bürokratie treibt - ein fester Bestandteil von Institutionsarbeit.

That's a nice way of putting it, gallery landscape. Sounds like a well-cultivated, heterogeneous gallery conglomeration. All growing, some more, some less, and by coming together they result in a mainly spatial situation that can be walked through and observed. A big tree here, a little field there. What's important is the growth. The better cultivated a landscape is, the better the climate - even the one it creates for itself - and the better the growth to be found there. A city's "art climate" is also clearly more interesting and so the exhibitions shown there become more interesting, so it all becomes more bohemian. Galleries actively contribute to this situation. They invest money and energy into artists' careers and into putting on exhibitions that will be seen. While institutions are certainly independent of galleries, I would argue that the more prosperous the galleries, the more important each "city" location or public institution becomes for visual art in general, since they attract even more interested artists, collectors, curators and critics. Because many of these "movements" are also covered in the media (when artists move to a city, for example) the greater the overall chance of "being seen". But there's one thing that even the most flourishing gallery landscape cannot change: the strange fruits of bureaucracy - a fixed, integral part of any institution's work.

WELCHE FUNKTION ERFÜLLT EINE SAMMLUNG ZEITGENÖSSISCHER KUNST IN IHRER JEWEILIGEN GEGENWART?

WHAT IS THE FUNCTION OF A COLLECTION OF CONTEMPORARY ART IN ITS PRESENT?

DORIS KRYSTOF, KURATORIN / CURATOR
KUNSTSAMMLUNG NORDRHEIN-WESTFALEN, DÜSSELDORF

„ … zeitgenössische Kunst in ihrer jeweiligen Gegenwart?" - dazu fällt mir spontan etwas aus dem Kunstgeschichtsstudium ein: In einer um 1990 publizierten Dissertation ging es um spezifische Rezeptionsweisen und soziale Umgangsformen im Hinblick auf Sammlungen zeitgenössischer Kunst im Italien der Renaissance. Nach historischen Quellen war in der Mitte des 16. Jahrhunderts in Oberitalien gängige Praxis, dass sich Sammler gerne mit ihren geladenen Gästen gemeinsam, aber mehr oder weniger schweigsam und auch jeweils nur für kurze Zeit der Betrachtung von Kunst widmeten, um im Anschluss daran in einem anderen Raum, also unter absichtsvoller Vermeidung jeglichen Blickkontaktes zu den Werken, ausgiebig über diese zu diskutieren. Dementsprechend kann die Wirkung beziehungsweise die Funktion zeitgenössischer Kunstsammlungen in ihrer jeweiligen Gegenwart im Entfachen eines Anregungspotenzials bestehen, das sich aus dem an einem vorgegebenen Ort provozierten Zusammenprall von Introversion (die bildkünstlerische Arbeit) und Extroversion (die Lust an lebendiger Kommunikation) ergibt.

"… contemporary art in its respective present?" - that suddenly reminds me of something from my studies of art history: A dissertation published around 1990, addressed specific modes of reception and social forms of contact regarding collections of contemporary art in Renaissance Italy. According to historic sources, in Northern Italy in the mid-16th century it was customary for collectors to devote themselves to the consideration of art together with their invited guests, but more or less in silence and only ever for a short period of time, and then to discuss them extensively in another room afterwards, i.e., deliberately avoiding all eye contact with the works. Thus the effect or the function of contemporary art collections in their respective present can exist in the birth of a potential for stimulation, which results from the clash of the introversion (the artistic work) and extroversion (the desire for lively communication) provoked in a given place.

GIBT ES EINEN ZUSAMMENHANG ZWISCHEN DEM ERFOLG VON KUNSTINSTITUTIONEN UND DER SPEZIFISCHEN MEDIENLANDSCHAFT DER STADT, IN DER SIE ANSÄSSIG IST?

IS THERE A CORRELATION BETWEEN THE SUCCESS OF AN ART INSTITUTION AND THE CONCRETE CONSTELLATION OF MEDIA COVERAGE IN THE CITY WHERE IT IS LOCATED?

—

LARS BANG LARSEN, FREIER KURATOR UND KRITIKER /
FREELANCE CURATOR AND CRITIC, FRANKFURT AM MAIN & KØBENHAVN

Im Zeitalter der vernetzten, technologischen Stadt ist die Idee der Stadt relativer als zuvor. Und so sehr wie jede Kunstinstitution, die ihren Einflussbereich auf lokaler als auch regionaler, nationaler und internationaler Ebene definiert, reicht der Anspruch der European Kunsthalle über die Grenzen der Stadt hinaus. Aber der größere Teil des Publikums, das eine Kunstinstitution versucht über die Medien anzusprechen, kommt immer noch aus der Stadt, in der sie angesiedelt ist. Es ist offensichtlich, dass Kunstinstitutionen in einer Haupt- oder größeren Stadt typischerweise bessere PR-Möglichkeiten haben als provinzielle, da der „Medien-Schirm" großer Städte weiter reicht als derjenige lokaler oder regionaler Medien. Am anderen Ende der Medien-Nahrungskette spielt die Etablierung eigener Mikro-Medien-Strukturen - wie Eure Internetseite - eine immer wichtiger werdende Rolle. Dies führt zur übergeordneten Frage: Was ist Erfolg? Letztendlich hängt der mediale Erfolg davon ab, welche Kriterien man anwendet: Im Kunstbetrieb wie auch in der Popkultur ist Medienerfolg keine Garantie für gehaltvolle Kommunikation. Dennoch spielen die Medien eine wichtige Rolle bei der Kommunikation eines Programms. Doch da unterschiedliche Arten von Medien auch unterschiedliche Wirkung haben, muss man beachten, welche Medien auf welche Weise für die Kommunikation mit dem Publikum geeignet sind: 90 Sekunden im Fernsehen, ein Artikel in der Regionalzeitung oder die Besprechung in einem von Fachleuten als seriös und informiert angesehen Kunstmagazin? Eine Abdeckung durch alle diese unterschiedlichen Arten bietet Schnittstellen zu deinem Publikum, die sich nicht gegenseitig ausschließen müssen.

In the era of the connected, technological city, the idea of the city is more relative than before. And as much as any art institution that sets the stakes of its reputation on a local as well as

regional, national and international level, the ambition project-
ed by the European Kunsthalle is of a kind that reaches beyond the
city limits. But the bigger part of an art institution's audience,
whom the art institution tries to reach through the media, still
comes from the city in which they are located. It is obvious that
art institutions in capital or bigger cities typically have better
PR opportunities than provincial ones, because the big city's
'media-umbrella' reaches further than local or regional media. At
the other end of the media food-chain, creating your own micro-
media structures - such as your website - is playing an increasingly
bigger role. This opens up to the bigger question of what success
is. At the end of the day, media success depends on what your criteria are: in the art system as in pop culture, media success is
no guarantee for meaningful communication. Nevertheless media are
an important part of communicating your programme. But then one
will also have to discern what media are relevant in which ways
for one's communication to the audience, because different kinds
of media matter in different ways. What is more important to an
art institution: 90 seconds on TV, an article in a regional newspaper or a review in an art periodical that is considered to be seri-
ous and informed by art professionals? Coverage of these divergent
kinds offers different interfaces to your audience that are not
mutually exclusive.

WIE POPULÄR MUSS EINE KUNSTHALLE SEIN?

HOW POPULAR MUST BE A KUNSTHALLE?

–

HOLGER LIEBS, KRITIKER /
CRITIC SÜDDEUTSCHE ZEITUNG, MÜNCHEN

Zumindest so populär, dass sie die Ausstellungs-Ebene ernst nimmt,
mindestens genauso ernst wie ihre eigene intellektuelle Verortung
im Diskurs, denn die Präsentation von Kunst braucht es schließlich, damit die Leute kommen. Dafür müsste es - Achtung Schlau-
meierei - aber erst einmal eine Kunsthalle geben, ob sie nun am Ende
in Köln stehen wird, wovon ich mal ausgehe, oder anderswo (Die EU
ist groß). Dass Popularität und Populismus verschiedene Dinge sind,
weiß das EU-Kunsthallen-Team mit Sicherheit. Blickt man auf die
karge deutsche Kunsthallen-Landschaft, gibt es beispielsweise das
Blockbuster-Modell, das Alles-darf-rein-Modell oder, irgendwo

dazwischen angesiedelt, das Flaggschiff-mit-Experimenten-Modell
-jeweils mit verschieden hoher Akzeptanz. Doch was als populär gilt,
entscheiden zum Glück am Ende die Besucher, weniger die Kuratoren
und ansonsten am ehesten vielleicht noch die Gelder, die für die
Werbetrommeln zur Verfügung stehen.

Popular enough that it takes the exhibition part of it seriously,
at least as seriously as its own intellectual place in the discourse, since art presentation needs that, after all, for people to
come. But for this-here it comes, the wise crack-you first need to
have a Kunsthalle, be it in Cologne, which I am assuming, or somewhere else (the EU is big). Certainly the EU Kunsthalle team is well
aware that popularity and populism are two different things. One
glance over the bleak, German Kunsthalle landscape reveals, for example, the Blockbuster-model, the Anything-Goes-model or, nestled
somewhere in the middle, the Flagship-with-Experiments model-each
with varying levels of acceptance. But in the end it is luckily the
visitors who decide what counts as popular, less so the curators
and otherwise most likely the funds available for advertising.

WELCHE FAKTOREN SIND AUSSCHLAGGEBEND FÜR DIE ENTSCHEIDUNG FÜR DEN STANDORT EINER NEUEN GALERIE?

WHAT ARE THE DECIDING FACTORS WHEN IT COMES TO CHOOSING THE LOCATION FOR A NEW GALLERY?

-

LINN LÜHN, GALERISTIN /
GALLERIST, KÖLN

Ich denke, die Gründe sind immer andere, denn es gibt kein richtig
oder falsch. Generell würde man sagen, man siedelt sich dort an, wo
man eine interessante und lebhafte Kunstszene vermutet, die sich
aus Künstlern mehrerer Generationen, Institutionen, Galerien, Sammlern und Off-Spaces zusammensetzt. Ich glaube jedoch, dass zumeist
andere Faktoren, auch Zufälle, ein Rolle für die Wahl des Stand-
ortes, spielen. Für mich ist vor allem die räumliche Nähe zu meinen
Künstlern und auch die Nähe zu Kollegen, deren Arbeit ich schätzte,
sehr wichtig und vielleicht wird somit eine geschäftliche Entscheidung zu einer sehr persönlichen.

I think the reasons are always different, since there is no one right way of going about it. In general you could say that one settles wherever an interesting and lively art scene can be presumed - one consisting of several generations of artists, institutions, galleries, collectors and off-spaces. I do however believe that it is mostly other factors, even coincidences, that play a role in choosing a location. In my case I would say it's the physical closeness to my artists and a proximity to colleagues whose work I find very important, making what might be a business decision a very personal one as well.

WAS SIND DIE ZEITGENÖSSISCHEN ORTE DER KUNST?

WHAT ARE THE CONTEMPORARY PLACES FOR ART?

SVEN LÜTTICKEN, KUNSTHISTORIKER UND -KRITIKER /
ART HISTORIAN AND CRITIC, AMSTERDAM

Die kurze, leicht zynische Antwort wäre: Biennalen und Kunstmessen. Man sollte jedoch die Frage stellen, ob man wirklich „absolument de son temps" sein sollte, beziehungsweise ob man nicht auch auf eine andere, anachronistische Weise zeitgenössisch und zeitgemäß sein kann. Damit meine ich nicht, dass man sich von aktuellen Entwicklungen abschotten sollte, sondern dass man sie nicht als geschichtliche Naturgewalt betrachtet und passiv hinnimmt. Interessante zeitgenössische Orte der Kunst sind solche, die zwar Aspekte der heutigen Eventkultur aufgreifen, diese jedoch integrieren in ein Ausstellungs- und Aktivitätenprogramm, das am Rande der dominanten Kultur eine offene aber fokussierte Öffentlichkeit entwickelt. Dazu ist eine gewisse störrische institutionelle und eben auch räumliche Präsenz erforderlich. Dematerialisierte Institutionen, die nur hin und wieder etwas an irgendeinem ‚interessanten' Ort organisieren und dann wieder abtauchen, sabotieren die Bildung einer Kunstöffentlichkeit die sich nicht in Werbung und Hypes ausschöpft. Die Institutionskritik hat die Risiken und Nebenwirkungen von ‚stabilen' Institutionen wie Museen aufgezeigt, aber nur physisch vorhandene Institutionen können sich unter Umständen zu kritischen Institutionen entwickeln.

The short, slightly cynical answer would be: biennials and art fairs. And yet the question that we should be asking ourselves is if it's really necessary to be "absolument de son temps" or if it isn't possible to be contemporary and timely in another, more anachronistic way. By this I don't mean guarding against new developments, but rather that one shouldn't necessarily see and passively accept them as historical forces of nature. Interesting places for contemporary art are those able to act on aspects of the current event-oriented culture, integrating them into an exhibition and activities program and drawing an open, yet focused public to the margins of dominant culture. To do so, a kind of balky and even institutional presence is necessary. Dematerialized institutions content to organize something at whatever 'interesting' place before disappearing again only sabotage the creation of an art public not generated by advertising and hype. Institutional Critique carries all the risks and side effects of 'stable' institutions such as museums, and yet only physically accessible institutions might possibly become critical institutions.

INWIEFERN VERLANGEN DIE REALPOLITISCHEN UMBRÜCHE DER SO GENANNTEN BALKANSTAATEN SPEZIFISCHE MODELLE FÜR DIE PRÄSENTATION ZEITGENÖSSISCHER KUNST?

IN WHAT WAYS DOES THE POLITICAL UPHEAVAL IN THE SO-CALLED BALKAN STATES DEMAND SPECIFIC MODELS FOR THE PRESENTATION OF CONTEMPORARY ART?

MARKO LULIC, KÜNSTLER /
ARTIST, WIEN

Ich glaube nicht, dass die Umbrüche spezifische Modelle verlangen, sondern dass durch die Geschichte bedingt ein spezifisches Modell da war, das durch die massiven Ereignisse der Neunziger (vielleicht auch schon früher) ins Wanken geraten ist und sich in einer noch nicht abgeschlossenen Wandlung befindet. In diesen Staaten, die alle hervorragende KünstlerInnen vorweisen können, ist nicht die gleiche Dichte im Ausbau der Strukturen des Kunstsystems gegeben. Die Ebene der Kunstvereine und der Kunsthallen fehlt genauso, wie die international agierenden kommerziellen Galerien, von denen jetzt einige aufgesperrt haben beziehungsweise sich manche aus Alternativräumen oder Künstlervereinigungen heraus versuchen zu entwickeln. Die KünstlerInnen in dieser Region haben das Interesse, vielleicht nicht das gleiche System wie der so genannte Westen, aber ein gleichwertiges System zur Verfügung zu haben, für die Präsentation der eigenen Arbeit sowie den internationalen Austausch. Die Szenen dieser Staaten wissen, dass, so förderlich bestimmte Themenshows und Balkan-Hypes der letzten Jahre waren, das einzig langfristig Wirksame die Stärkung und der Ausbau der lokalen Strukturen ist und der massive Import von internationaler Kunst und deren Kontexte. Anders gesagt: Wenn es in den nächsten Jahren nicht nur für einige SpezialistInnen, sondern auch das internationale Publikum genauso normal wird, regelmäßig in Städte wie Belgrad, Sofia, Bukarest zu Ausstellungen zu fahren, wie es momentan für sie ist, nach Paris, New York, Miami, London, Köln, Berlin und so weiter zu kommen, dann ist der Normalisierungsprozess, den die dortige Szene eben will, und nicht ein ewiges Schicksal als OstspezialistInnenreiseziel, gelungen.

I do not believe that the upheaval demands specific models, rather that there was a specific model there, as a result of historical processes, that has been shaken by the momentous events of the 1990s (and maybe even earlier than that) and is undergoing a transformation that is not yet complete. These states, which can all boast outstanding artists, have not all reached the same stage in terms of developing the structures of the art system. The level of art associations and art institutions is lacking just as are internationally-active commercial galleries, some of which have now opened or are trying to develop from alternative areas or artists' groups. It is in the interest of the artists in this region to have a system available, perhaps not the same system as the so-called West but an equivalent one, for presenting their works and for international exchange. Art circles in these states know that, however beneficial certain thematic shows and the Balkan hype of recent years were, the only solution which is effective in the long term is the strengthening and development of local structures and the large-scale import of international art and its contexts. In other words, if in the next few years it becomes as normal, not just for a few experts but also for the international public, to travel regularly to cities like Belgrade, Sofia and Bucharest for exhibitions as it currently is to go to Paris, New York, Miami, London, Cologne, Berlin etc., then the process of normalization, which is wanted by the local art scene instead of an eternal fate as a travel destination for East-art-specialists, has been successful.

WELCHE AUFGABEN HINSICHTLICH DER VERNETZUNG EUROPÄISCHER INSTITUTIONEN ZEITGENÖSSISCHER KUNST SIND ZUKÜNFTIG IN ANGRIFF ZU NEHMEN?

WHAT ARE THE FUTURE QUESTIONS REGARDING THE NETWORKING PROCESS OF EUROPEAN INSTITUTIONS PRESENTING CONTEMPORARY ART?

ENRICO LUNGHI, DIREKTOR / DIRECTOR CASINO LUXEMBOURG.
FORUM D'ART CONTEMPORAIN, LUXEMBURG

Eine Frage über Fragen, die in der Zukunft treffend sein könnten, zu beantworten ist schön schwierig; eine wesentliche Antwort dazu setzt voraus, dass man die Realität der Gegenwart schon völlig erfasst hat. Jedenfalls scheinen mir heute die Vernetzungsmechanismen, grob ausgedrückt, in zwei Richtungen zu gehen: Einerseits geht es darum, das Marketing einer Ausstellung oder Institution oder Kunstrichtung zu optimieren - also darum, Geld und Macht an sich zu ziehen und sich damit in das allgemeine kapitalistische System einzufügen - und andererseits geht es darum, mögliche Solidaritäts- und Mitgefühlswerte zu verstärken, was aber fast als Weltfremdheit erscheint und als romantische Einstellung schnell verworfen wird. Die Zukunft steht nicht fest; sie hängt nur von den heutigen Entscheidungen ab. Jede Person soll seine fällen und sich bewusst machen, welches Weltbild sie damit bevorzugt.

It is pretty difficult to answer a question about issues that could be relevant in the future; a proper answer assumes that one has got a firm grasp of present reality. In any case, to put it simply, networking mechanisms today seem to me to go in two directions. On the one hand it involves optimizing the marketing of an exhibition, institution or art trend, i.e., bringing in money and power and using it to insert oneself in the general capitalist system. On the other it involves strengthening possible values of solidarity and sympathy, which, however, almost seems like unworldliness and is swiftly reproached as romantic. We do not know what the future holds; it only depends on the decisions we make today. Each person needs to make their own decisions and, in light of this, be aware of which world view they favor.

HABEN STATISCHE INSTITUTIONEN ÜBERHAUPT NOCH EINE ZUKUNFT?

DO STATIC INSTITUTIONS ACTUALLY HAVE A FUTURE?

FLORIAN MALZACHER, LEITENDER DRAMATURG UND KURATOR /
CHIEF DRAMATURGE AND CURATOR STEIRISCHER HERBST, GRAZ

Nein. Aber: Warum sind so oft gerade explizite Nicht-Institutionen mit allen Möglichkeiten zur Flexibilität am statischsten? Die Freiheit der freien Szene und Off-Kultur ist oft alles andere als bewegungsfördernd. Egal ob Institution oder Nicht-Institution: Statisches Denken ist künstlerisch und kuratorisch langweilig. Davor schützt die windschnittigste und wandlungsfähigste Struktur nicht. Das Problem ist, dass viele Institutionen durch ihre Architektur einbetoniert sind in fixierte Denkmuster, Ästhetiken, Gesellschaftsbilder. Dazu kommen zählebige Personalstrukturen, festgefahrene Erwartungshaltungen von Politikern, Journalisten und Publikum. Und Faulheit. Statik kann natürlich auch Reibung erzeugen. Halt geben. Grenzen und Kontrollmechanismen sichtbar machen. Eine Institution, die vor lauter Flexibilität immer zur Unkenntlichkeit gedehnt wird, ist auch schnell unproduktiv und berechenbar. Statische Institutionen haben keine Zukunft. Aber statische Modelle für nicht-statische Institutionen auch nicht.

No. But why is it so often precisely explicit non-institutions, which have the opportunity to be fully flexible, that are the most static? Often, the freedom of the unofficial art scene and off-culture is anything but promoting forward movement. Whether institution or non-institution: Static thinking is artistically and curatorially boring. Not even the most streamlined and flexible structure can protect against this. The problem is that many institutions are enclosed in fixed thought patterns, aesthetics and social images by their architecture. Then there are tough payroll structures and the set expectations of politicians, journalists and audiences. And laziness. Something stationary can of course also cause friction. Give things firm foundations. Make borders and control mechanisms visible. An institution that is always stretched beyond recognition by flexibility also quickly becomes unproductive and predictable. Static institutions have no future. But neither do static models for non-static institutions.

HAT DAS PUBLIKUM RECHT, WENN ES ZEITGENÖSSISCHE KUNST NICHT VERSTEHT?

IS THE AUDIENCE RIGHT WHEN THEY CLAIM THEY DO NOT UNDERSTAND CONTEMPORARY ART?

-

CHUS MARTINEZ, DIREKTORIN /
DIRECTOR FRANKFURTER KUNSTVEREIN

Die Nacht dauerte zwanzig Sekunden. Danach wurde sie von einem gewaltigen Blitz beendet: GNAC. Groß, laut, wirklich, leuchtend von einem Dach gegenüber der Wohnung von Marcovaldo - der Arbeiterklasse -Held von Italo Calvino. Aber GNAC ist nur der Teil einer größeren Leuchtschrift, SPAAK-COGNAC, die zwanzig Sekunden aufscheint, dann für weitere zwanzig erlischt, und wenn sie wieder erleuchtet, kannst du nichts anderes mehr sehen. Der Mond ging unter, der Himmel wurde eintönig. Hat das Publikum Recht, wenn es zeitgenössische Kunst nicht versteht? Das ist die Frage, die Du mir gestellt hast. Ich wurde einmal zitiert, „ja" darauf geantwortet zu haben. Was ich eigentlich sagte war, dass sie ernst genommen werden sollen, wenn sie so etwas fordern. Es könnte allerdings auch sein, dass sie nur das GNAC der Angelegenheit sehen. Der entscheidende Punkt ist also: Wo ist der Rest unseres Zeichens?

The night lasted for twenty seconds. After that a big flash took over: GNAC. Big, loud, real, shining from a roof top opposite where Marcovaldo - the working-class hero of Italo Calvino - lives. But GNAC is only a part of a bigger neon sign saying SPAAK-COGNAC, which shone twenty seconds, then went off for twenty, and when it lit again you could not see anything else. The moon faded, the sky became uniform. Is the audience right when they "claim" they do not understand contemporary art? That is the question you posed me. I once was quoted to have answered "yes" to that. I was actually saying they need to be taken seriously when they "claim it". But it can be that they are seeing only the GNAC of the story. So the crucial part is where is the rest of our sign?

WIE KLAR SIND DIE GRENZEN ZWISCHEN DEN KLASSISCHEN KUNSTSPARTEN HEUTE NOCH DEFINIERT?

HOW CLEARLY-DEFINED IS THE LINE SEPARATING TRADITIONAL ART GENRES TODAY?

–

THOMAS MEINECKE, AUTOR UND MUSIKER /
AUTHOR AND MUSICIAN, MÜNCHEN

Wenn keine Grenzen zwischen den klassischen Kunstsparten mehr definiert werden können, sehe ich darin keinen Verlust. In dem überwiegend feuilletonistisch gelagerten Bemühen um das Setzen beziehungsweise Aufrechterhalten solcher Markierungen erkenne ich vielmehr eine bürgerliche, um ihre Herrschaft besorgte, nicht selten kulturpessimistische, auf jeden Fall antipopistische Geste. Die ästhetische wie politische Fähigkeit, zu unterscheiden, verläuft jedenfalls nicht entlang dieser Demarkation.

If the boundaries between the traditional art genres can no longer be clearly defined then I see it as no big loss. In the predominantly feuilletonistically-embedded efforts to establish or maintain such distinctions, I see little more than a bourgeois, dominance-defending, usually culturally pessimistic and definitely anti-popistic gesture. In any case, the aesthetic as well as political ability to make this distinction does not follow this demarcation.

DER AUSSTELLUNGSRAUM IST HEUTE OFT SELBST TEIL DES KÜNSTLERISCHEN MATERIALS – SOLLTE EINE NEUE INSTITUTION ZEITGENÖSSISCHER KUNST DIESEM UMSTAND RECHNUNG TRAGEN ODER IST DIE ARCHITEKTONISCHE RAUMHÜLLE RELATIV EGAL?

THE CONTEMPORARY EXHIBITION SPACE IS OFTEN PART OF THE ARTISTIC MATERIAL – SHOULD A NEW INSTITUTION PAY ATTENTION TO THIS FACT OR IS THE ARCHITECTURE RATHER IRRELEVANT?

—

MICHAELA MELIÁN, KÜNSTLERIN /
ARTIST, MÜNCHEN

Jeder Ausstellungsraum wird unvermeidlich Teil der in ihm realisierten künstlerischen Arbeit. Gleichgültig ist die architektonische Raumhülle deshalb nie.

Every exhibition space unavoidably becomes part of the artistic work realized in it. Therefore the architecture of the surrounding space is never irrelevant.

IN WELCHER WEISE IST DIE IM BEREICH DER KUNST ARTIKULIERTE INSTITUTIONSKRITIK FÜR DIE GRÜNDUNG NEUER INSTITUTIONEN RELEVANT?

IS THE INSTITUTIONAL CRITIQUE AS ARTICULATED IN THE FIELD OF ART OF PARTICULAR RELEVANCE TO THE FOUNDING OF A NEW INSTITUTION?

—

NINA MÖNTMANN, FREIE KURATORIN UND AUTORIN /
FREELANCE CURATOR AND AUTHOR, HAMBURG

Die klassische Teilnahme von Künstlern an institutionellen Prozessen ist zielorientiert. Erwartungsgemäß wird das Resultat der Arbeit eines Künstlers ausgestellt. Künstlerische Produktion wird demnach als Beitrag für ein Publikum aufgefasst. Dies spiegelt jedoch nur einen Teil der tatsächlichen Rolle von Künstlern als aktive Co-Produzenten in diversen Bereichen des Kunstfelds wieder. Institutionskritik war oder ist zum Teil auch ein Ausdruck von Unzufriedenheit damit, vorgefertigte Strukturen kommentarlos zu bedienen, auch wenn sie als problematisch angesehen werden. Darüber hinaus ist Institutionskritik nicht nur ein von Künstlern praktizierter Ansatz. Sie ist auch fester Bestandteil von Lehrplänen in Kuratorenprogrammen und an Universitäten. Inzwischen sitzen Kuratoren, die in den Neunzigern zum Beispiel im Whitney Program gelernt haben, in Museen und Kunsthallen. Mich interessiert es, auch in der strukturellen Arbeit von Institutionen eng mit Künstlern zusammenzuarbeiten, das heißt Künstler in Planungsformate und Entscheidungsprozesse mit einzubeziehen. Auch, damit die Institution sich nicht nur mit den Erwartungen von Sponsoren, Politikern und diversen Öffentlichkeiten auseinandersetzt, sondern zunächst einmal die Voraussetzungen für künstlerische Arbeit bestmöglich erfüllt. Diese Zusammenarbeit kann auf der Ebene einer Ausstellungsplanung stattfinden, aber eben auch in institutionsbildenden Prozessen. Hier tut sich eine Chance auf für neu entstehende Institutionen, deren Profil noch nicht determiniert ist.

Classic artist participation in institutional processes is goal-oriented. As expected, the result of an artist's work is put on display. Thus artistic production is understood as something for the general public. However, this only reflects one aspect of artists' actual role as active co-producers in the various areas of the field of art. Institutional Critique was or is also partly an expression of discontent with using prefabricated structures without commenting on them, even if they are seen as problematic. In addition, institutional Critique is not only practiced by artists, but is also a fixed feature on teaching plans for curatorial courses and at universities. In the meantime, curators who in the 1990s studied, for example, at the Whitney Program, are now active in museums and Kunsthalles. I am interested in working closely with artists as regards the structural work of institutions, too, i.e., involving artists in the planning stages and decision-making processes. This also aims to prevent the institution from occupying itself only with the expectations of sponsors, politicians and other groups, but first fulfils the requirements for artistic work as best it can. This collaboration can occur both at the level of exhibition planning and in institution-forming processes. There is an opportunity here for new institutions whose profile is not yet determined.

ALS ERFOLGREICHE KÜNSTLERIN STELLST DU IN VERSCHIEDENARTIGEN INSTITUTIONEN AUS – WELCHE KRITERIEN FÜR DAS AUSSTELLEN SIND FÜR DICH MASSGEBLICH?

AS A SUCCESSFUL ARTIST YOU SHOW IN VARIOUS TYPES OF ART INSTITUTIONS – WHICH CRITERIA FOR EXHIBITING ARE RELEVANT FOR YOU?

–

SARAH MORRIS, KÜNSTLERIN /
ARTIST, NEW YORK

Die wichtigsten Kriterien für mich sind der Kontext und das Programm, das jede Institution über eine gewisse Zeitspanne aufbaut; mindestens genauso aber auch die Dynamik und die Beziehung mit den KuratorInnen während man das Konzept für eine Ausstellung entwickelt.

The most important issues for me are the context and programming that is constructed over a duration of time at any institution, and of course, not least the dynamic and relationship with the curators as you are conceptualizing how to form an exhibition.

HABEN SICH DIE ANFORDERUNGEN AN DIE VERMITTLUNG ZEITGENÖSSISCHER KUNST IN DEN LETZTEN JAHREN VERÄNDERT?

HAVE THE STANDARDS OF MEDIATING CONTEMPORARY ART CHANGED OVER THE PAST YEARS?

–

MARKUS MÜLLER, LEITER DER KOMMUNIKATION /
HEAD OF COMMUNICATIONS, KW INSTITUTE FOR CONTEMPORARY ART, BERLIN

In dem Maße, wie sich die zeitgenössische Kunst und ihr Kontext in den letzten zehn Jahren des spekulativen Kapitalismus verändert haben, so haben sich auch die Anforderungen an ihre Vermittlung verändert. Die Glamourisierung und Ökonomisierung aller Bereiche des Subsystems zeitgenössische Bildende Kunst haben einen paradigmatischen Wandel der Konnotationen und Erwartungshaltungen mit sich gebracht. Der Glaube an den Markt bedeutet auch eine Re-Romantisierung,

und wer zuerst kritisches Potenzial und Erkenntnisgewinn sagt, verliert. Gleichzeitig muss die gesellschaftliche Relevanz künstlerischer und institutioneller, zumal Vermittlungs-Arbeit wieder neu er-
funden werden.

The demands on the mediation of contemporary art and its context
have changed in proportion to how these themselves have changed in
the course of the last ten years of speculative capitalism. The
glamorization and economization of all areas of the subsystem contemporary visual arts have brought with them a paradigmatic transformation of connotations and expectations. The belief in the market also means a re-romanticization, and he who first says critical potential and cognitive gain, loses. At the same time, the
social relevance of artistic and institutional work, especially in
terms of mediation, has to be re-invented once again.

SIND MODELLE WIE DAS MIGROS MUSEUM FÜR GEGENWARTSKUNST IN ZÜRICH AUCH IN DEUTSCHLAND DENKBAR?

ARE MODELS SUCH AS THE MIGROS MUSEUM FOR CONTEMPORARY ART ALSO CONCEIVABLE IN GERMANY?

—

HEIKE MUNDER, DIREKTORIN /
DIRECTOR MIGROS MUSEUMS FÜR GEGENWARTSKUNST, ZÜRICH

1. Gründen Sie ein Unternehmen als Genossenschaft und führen Sie
ein Prozent des Umsatzes an Kultur ab.
2. Dieses Geld aktivieren Sie für Literatur, Theater, Musik, Medien, Kunst, Bildung und Soziales und vergessen dabei nicht, jähr-
lich eine gewisse Summe für eine Kunstsammlung bereit zu stellen.
3. Eröffnen Sie ein Museum wenn ausreichend Kunst für ein zwischen
Sammlungs-und Wechselausstellungen alternierendes Programm vorhan-
den ist.
4. Forschen, Bewahren, Vermitteln und Produzieren Sie. Geniessen
Sie ihre Freiheit. Sie haben keinen Vorstand, Freundeskreis oder
ähnliches zu bedienen.
Die Frage einer Übertragung des Konzepts des migros museum für gegenwartskunst in Zürich an andere Orte entscheidet sich darüber,
ob sich solche, vom Vertrauen der Gesellschaft getragene klassisch

mäzenatische Finanzierungen an anderer Stelle realisieren lassen. Diese von Instrumentalisierung befreite Kunst mit gesellschaftlichem Bildungsauftrag ist ein Stück realisierter und erhaltenswerter Utopie.

1. Set up a company as a cooperative and direct one percent of the sales towards culture.
2. Use this money for literature, theater, music, media, art, education and social projects and don't forget to put aside a certain sum per year for an art collection.
3. Open a museum when you have enough art for a program alternating between exhibitions of permanent works from the collection and temporary exhibitions.
4. Conduct research, preserve, communicate and produce. Enjoy your freedom. You serve no management board, circle of friends or similar group.
The question whether the concept of the migros museum for contemporary art in Zurich can be transferred to other places depends on whether such classic financing methods, based on patronage and borne by the trust of the cooperative, can be applied to other places. This art, liberated from instrumentalization and bearing the task of social education, is a piece of utopia come true that is worth preserving.

WIE WICHTIG IST ES FÜR EINE STADT, ÜBER EINE VIELZAHL VON KUNSTINSTITUTIONEN ZU VERFÜGEN?

HOW IMPORTANT IS IT TO HAVE A VARIETY OF ART INSTITUTIONS IN A CITY?

JOANNA MYTKOWSKA, KURATORIN /
CURATOR CENTRE POMPIDOU, PARIS

Die Vielfalt von Kunstinstitutionen reflektiert die unterschiedlichen Verfahrensweisen und Ausprägungen von zeitgenössischer Kunst. Neben der klassischen Einteilung in öffentliche Einrichtungen, Museen und kommerzielle Galerien, sind neue Institutionsformen entstanden, die versuchen die interdisziplinären und hybriden Formen von Kunst aufzugreifen. Nur eine solche Verschiedenartigkeit von Kunstinstitutionen kann den Zugang zu allen existierenden

Ausprägungen von kreativer Aktivität ermöglichen. Diese Unterschiedlichkeit der Institutionen, ist auch eine Reflexion der tiefgreifenden Veränderungen innerhalb der zeitgenössischen Kunst und einer der Möglichkeiten des Definierens neuer Formen von künstlerischem Schaffen.

The variety of art institutions reflects the various ways and forms of the functioning of contemporary art. Besides the classic division between public institutions, museums, and commercial galleries, there have emerged new models of institutions trying to engage the interdisciplinary and hybrid forms of art. Only such a variety of art institutions can ensure access to all existing forms of creative activity. The variety of art institutions is also a reflection of the profound changes occurring in contemporary art, and one of the ways of defining new forms of artistic production.

INWIEFERN SIND DIE KUNSTINSTITUTIONEN DER „FESTUNG EUROPA" FÜR NICHT-WESTLICHE KÜNSTLER/INNEN ZUGÄNGLICH?

IS THE FORTRESS EUROPE AND ITS ART INSTITUTIONS ACCESSIBLE FOR NON-WESTERN ARTISTS?

TUAN ANDREW NGUYEN, KÜNSTLER / ARTIST, HO CHI MINH CITY

Ich denke, dass die Festung Europa für nicht-westliche Personen sehr schwer zugänglich ist. So ist das System gemacht worden. Die Geschichte reicht weit zurück und ist kompliziert. Die Leute, die nicht aus dem Westen kommen, glauben auch nicht, Zugang zur Festung Europa zu haben oder fordern zu können. Wenn es Zugang gibt, dann wird er von Europäern gewährt; wie Essensmarken verteilt. Aber dies ist wiederum die Perspektive einer Person, die im Nachkriegs-Osten geborenen wurde, diesem Ort entflohen ist, um im westlichen System aufzuwachsen und Ausbildung zu erhalten, und aus noch viel komplizierteren Gründen zurück kehrte.

I think that the Fortress Europe is very difficult to access by non-Westerners. The system has been set up that way. The history is deep and long and complicated. Non-Westerners never imagine having access or imagine claiming access to Europe. If there is access, it is granted by Europeans, given out like food stamps. But

again, this is spoken by a person who was born in the East post-
war and escaped this location to grow up and receive education in
a Western system, then came back for reasons even more complicated.

GIBT ES PARALLELE ENTWICKLUNGEN IN DER ZEITGENÖSSISCHEN DEUTSCHEN LITERATUR UND DER IN DEUTSCHLAND PRODUZIERTEN GEGENWARTSKUNST?

ARE THERE PARALLEL STRUCTURES IN CONTEMPORARY GERMAN LITERATURE AND VISUAL ART?

INGO NIERMANN, AUTOR / AUTHOR, BERLIN

Ja, beide werden heute mit dem Qualitätssiegel Leipzig vermarktet.
Leipzig wurde zwar nicht das nach der Wende erhoffte neue ökonomische Zentrum (mein Onkel ging dort mit einem Parkhaus und einem Su-
permarkt Pleite), aber ein Zentrum ökonomisch erfolgreicher Kultur. Die reale bürgerliche Misere ist hier, in den renovierten
Gründerzeitvillen und Gründerzeitfabriken, weit genug weg, um mit
bürgerlichen Sehnsüchten zu spielen. Und den realen Bürgern, die
sich wie alle anderen auch durch Powerpointpräsentationen und Ein-
kaufspassagen quälen müssen, gefällt's. Was sie hassen, das ist
Köln. Köln ist prollig, Köln ist Fernsehstadt. Köln war Naziwitze
und Kippenberger, heute ist es „Der Schwarm" von Schätzing und Big
Brother. Das Loch-das wäre ein Ort für gnadenlos populistische
Kunst. Die Kunst der Lottospieler, die sie doch schließlich subven-
tionieren. Kunst, die Deutschen, Türken und Holländern gefällt.
EUROt-r-a-s-h.

Yes, both are marketed today with the Leipzig seal of quality.
Admittedly, Leipzig did not become the new economic center that
people had hoped after the "Wende" (my uncle went bankrupt there
with a parking garage and a supermarket), but it did become an economically successful center of culture. The real middle-class
plight is here, in the renovated Gründerzeit villas and factories,
far enough away to play with the longings of the middle class. And
the real citizens, who have to torment themselves like everyone
else with PowerPoint presentations and shopping passages, like it.
What they hate is Cologne. Cologne is working-class, Cologne is a
TV town. Cologne was Nazi jokes and Martin Kippenberger, today it

is "The Swarm by Frank Schätzing" and Big Brother. Das Loch (The Hole) would be a place for mercilessly populist art. The art of lottery players, which they indeed also subsidize. Art that Germans, Turks and Dutch like. EUROt-r-a-s-h.

NACH WELCHEN KRITERIEN STIMULIERT EINE NATIONALE BOTSCHAFT KUNSTPROJEKTE AUSSERHALB IHRES LANDES?

AFTER WHICH CRITERIA DOES AN EMBASSY SELECT ART PROJECTS FOR FUNDING AND SUPPORT ABROAD?

—

VANESSA OHLRAUN, KULTURREFERENTIN FÜR BILDENDE KUNST, FILM UND NEUE MEDIEN, BOTSCHAFT VON KANADA / CULTURAL ATTACHÉ FOR VISUAL ARTS, FILM AND NEW MEDIA, CANADIAN EMBASSY, BERLIN

Dieser Frage geht eine allgemeinere Frage voraus: Was bedeutet es in der heutigen Kunstszene, KünstlerInnen nach Kriterien der Nationalität auszustellen und zu fördern? Die Künstlerförderung nach rein nationalen Kriterien ist eine ambivalente Angelegenheit. Immer wieder wehren sich KünstlerInnen dagegen, als Repräsentanten eines Landes eingeladen zu werden. Sie empfinden die Klassifizierung nach nationaler Herkunft als Einschränkung, die oft zu Gettoisierung führt. Dennoch ist die Herkunft eines Künstlers oder einer Künstlerin nicht ohne Bedeutung. Es scheint mir sinnvoll, diese jedoch nicht nur aufgrund der Staatsangehörigkeit zu bestimmen, sondern vielmehr im Sinne einer Zugehörigkeit zu einer bestimmten Szene zu verstehen. Wo jemand studiert hat, wo er oder sie lebt, mit welchen Kunstkreisen der- oder diejenige verbunden ist, in welchen sozio-politischen und diskursiven Kontexten er oder sie sich als KünstlerIn bewegt - dies sind Kriterien, die bei der Bestimmung einer künstlerischen „Herkunft" eine bedeutendere Rolle spielen, als die Nationalität einer Person. Eine erfolgreiche Herangehensweise besteht in der heutigen, international sehr eng vernetzten Kunstszene deshalb darin, eine Präsenz und Sichtbarkeit für die KünstlerInnen des eigenen Landes nicht über nationale Identität, sondern über Integration zu erzeugen: Indem KünstlerInnen in einem internationalen Kontext ausgestellt werden, der es ihnen erlaubt, sich aufgrund gemeinsamer Interessen und Perspektiven mit KünstlerInnen anderer Länder zu identifizieren, an einem globalen, grenzübergrei-

fenden Kunstdiskurs teilzunehmen und als individuelle Mitglieder
einer vielfältigen Kunstszene Anerkennung zu finden.

This question presupposes another, more general question: What does
it mean, in today's art world, to exhibit and support artists using
their nationality as a criterion? Promoting artists on the basis
of purely national criteria is an ambivalent affair. Artists are
constantly resisting the idea of representing a country; they feel
that classification based on nationality is a restriction that can
lead to ghettoization. And yet an artist's background, or where
they come from, is not totally unimportant. For me it makes more
sense, however, to make this distinction not only on the basis of
their country of origin but to understand it instead as their be-
longing to a certain scene. Where someone studied, where he or she
lives, with which art circles he or she is associated, in which
socio-political and discursive context he or she is involved as an
artist-these criteria play a much more significant role than a
person's nationality. A successful approach to generating presence
and visibility for artists of one's own country in the current, internationally very closely networked art scene is therefore not a
matter of their national identity but rather integration: one in
which artists are exhibited in an international context that allows
them to identify with artists of other countries on the basis of
shared interests, to participate in a global, interdisciplinary art
discourse and in their recognition as individual members of a
multi-facetted art scene

INWIEFERN KANN EIN UNIVERSITÄRER KURATORENKURS, WIE DER DES GOLDSMITHS COLLEGE IN LONDON, EIN GUTES FUNDAMENT FÜR DIE TÄGLICHE ARBEIT IN EINER INSTITUTION FÜR ZEITGENÖSSISCHE KUNST BIETEN?

TO WHAT DEGREE DOES A UNIVERSITY CURATORIAL COURSE SUCH AS THE ONE AT GOLDSMITHS COLLEGE IN LONDON PROVIDE A GOOD GROUNDING FOR THE DAY-TO-DAY WORK IN CONTEMPORARY ART INSTITUTIONS?

SOPHIE VON OLFERS, ASSISTENZKURATORIN / ASSISTANT CURATOR
WITTE DE WITH. CENTER FOR CONTEMPORARY ART, ROTTERDAM

Man könnte argumentieren, dass der Abschluss eines Kuratorenkurses eine komplette Zeitverschwendung ist - wir haben so viele Leute gesehen, die es ohne diesen Abschluss geschafft haben. Die Frage ist also: Was lernen die Leute eigentlich in diesen Kursen? Wenn eine kuratorische Ausbildung sich zu stark auf die organisatorischen Aufgaben der kulturellen Produktion konzentriert, handelt es sich eher um einen Kulturmanagement-Lehrgang. Fokussiert der Studiengang ausschließlich kritische Theorie, unterscheidet er sich nicht sehr von den Kulturwissenschaften. Kuratorische Studien aber beinhalten beides. Der grundlegende Unterschied aber besteht darin, dass den StudentInnen nicht so sehr daran gelegen ist, in einem traditionellen Sinne zu „lernen", sondern sich vielmehr auf das selbstständige Arbeiten vorzubereiten. Der Abschluss eines Kuratorenkurses, wie er am Goldsmith College angeboten wird, kann so zu einem Instrument des Erforschens, Entwickelns und professionellen Vorantreibens dessen werden, was später einmal deine „Praxis" genannt werden kann. Du näherst dich langsam einem Verständnis deiner eigenen Interessen und Arbeitsweisen an. Eine solche Perspektive kann in der Tat für die Arbeit in Institutionen sehr nützlich sein, aber ist nur dann wirklich vorteilhaft für alle Beteiligten, wenn das jeweilige Stadium, in dem sich die KuratorInnen befinden, entsprechend in die Struktur der Institution integriert wird.

One could argue that a curatorial MA is a complete waste of time - we've seen plenty people manage without. So the question is: what do people actually learn on these courses? If a curatorial education focuses too heavily on the administrative tasks related to cultural production it becomes an arts management course. When it looks solely at critical theory it is not very different to a cultural studies degree. Curatorial studies involves elements from both such types of education. A fundamental difference can be that students do not so much look to "learn" in the traditional sense, but rather prepare themselves to work on their own terms. A curatorial MA should be driven by each student's wider motivation and by what they want to work on in the future. A curatorial course like the one at Goldsmiths can become a tool to research, develop, and professionally progress what one day might be your 'practice'. You slowly move towards an understanding of your own interests and way of working. Such a focus can indeed be very useful for working in an institution, but is only truly advantageous for everyone, if the stage the curator is at is appropriately integrated into the structure of the institution.

HAT DIE ÖFFENTLICHE HAND EINE VERPFLICHTUNG NEUE ORTE DER KUNST ZU SUBVENTIONIEREN?

DOES THE PUBLIC PURSE HAVE A DUTY TO SUBSIDIZE NEW SPACES OF ART?

PHILIPP OSWALT, ARCHITEKT UND URBANIST /
ARCHITECT AND URBANIST, BERLIN

Sicherlich sollte die öffentliche Hand neben vielem anderem in zeitgenössische Kunst - oder besser allgemeiner gesagt - Kultur investieren. Ob es neue Orte dafür braucht, hängt von der Situation ab (gibt es hier ein Defizit beziehungsweise umgekehrt ein Potenzial?) und ob es für diesen neuen Ort ein überzeugendes Konzept gibt. Es gibt auch Fälle, in der sinnlos in neue Kunst investiert wird (wenn wohl auch in der Minderzahl). Besonders nervig sind Tendenzen, bei Ratlosigkeit zeitgenössische Kunst als vermeintlich sinnstiftende Ersatzreligion zum Zuge kommen zu lassen beziehungsweise zu instrumentalisieren. Ein mehr an Kunst ist nicht per se positiv.

Alongside many other things, the public purse should definitely invest in contemporary art, or put in a better way, in culture in general. Whether it needs new spaces for this or not depends on the situation (is there a deficit here or, conversely, potential?),

and if there is a convincing concept for this new institution.
There are also cases where money is senselessly pumped into new art
(although they are few and far between). Particularly irritating
is the tendency, where people do not know any better, to exploit
contemporary art, or allow it to be seen as, a presumed, meaningful substitute religion. More art is not necessarily a good thing.

WELCHE BEDEUTUNG HAT DER EUROPÄISCHE KUNSTMARKT FÜR US-AMERIKANISCHE GALERIEN?

OF WHAT INTEREST IS THE EUROPEAN ART MARKET FOR US-AMERICAN ART GALLERIES?

JAVIER PERES, GALERIST /
GALLERIST, BERLIN & LOS ANGELES

Europa ist ein sehr wichtiger Markt für amerikanische Galerien und
ihre KünstlerInnen. Da er zahlreiche verschiedene Länder und Regionen umfasst, ist er sehr komplex und facettenreich, wohingegen
der Markt der Vereinigten Staaten ziemlich einheitlich und haupt-
sächlich von Los Angeles und New York City beeinflusst ist. Wenn
man also den europäischen Markt betritt, kann das für die KünstlerInnen eine Menge Aufmerksamkeit bedeuten und zu Museums- und
anderen institutionellen Ausstellungen, Publikationen und nicht
zuletzt „bling bling" (Verkäufen) führen - alles wichtige und entscheidende Faktoren für die Entwicklung einer Künstlerkarriere,
aber auch um den dauerhaften Erfolg einer Galerie zu sichern. Der
US-Markt ist aus anderen Gründen wichtig, vor allem wegen der
großen Anzahl privater SammlerInnen und ihrer Zuwendungen an Kunstinstitutionen. Außerdem sind die Medien, die Kunst abdecken, in Europa wesentlich weiter entwickelt als in den Vereinigten Staaten.
Und die Anzahl der Rezensionen kann auch wiederum ein wirklich
wichtiger Faktor in der Entwicklung einer Künstlerkarriere sein.

Europe is a very important market for American galleries and their
artists. It is a complex and multifaceted market since it covers a
variety of countries and regions, where as the US is quite uniform,
and mainly under the influence of Los Angeles and NYC. Accordingly,
when one enters the European market, it can lead to a great deal
of exposure for the artists, leading to museum and institutional

exhibitions, publications, and of course, "bling bling" (sales)
-all important and critical factors in developing an artist's
career and also in ensuring the longevity of the gallery. The US
market is important for other reasons, particularly the large number of private collectors and their donations to art institutions.
Moreover the press covering art in Europe is considerably more
evolved than it is in the US, and the number of reviews can again
be a really important factor in developing an artist's career.

WIE VIEL POPKULTUR VERTRÄGT DIE ZEITGENÖSSISCHE INSTITUTION?

HOW MUCH POP CULTURE CAN A CONTEMPORARY INSTITUTION TOLERATE?

ULF POSCHARDT, CHEFREDAKTEUR /
EDITOR-IN-CHIEF VANITY FAIR DEUTSCHLAND, MÜNCHEN

Die Frage an sich ist nostalgisch. Das Popkulturelle ist zum All-
over aller kulturellen Institutionen geworden. Wer programmatisch
„viel Popkultur" in einer Institution „verträglich" machen will,
erreicht eine anti-popkulturelle Anwesenheit des Popkulturellen.
Es wäre dies kontraproduktiv. Popkultur ist Fundament und Horizont
ästhetischer Überlegungen: Normativ wird diese Kultur nur dort, wo
sie Unverträglichkeiten mit naiv nostalgischen Projekten formuliert. Popkultur ist „now". In diesem Sinne können die Institutionen gar nicht genug davon bekommen. Speziell in Deutschland.

The question itself is nostalgic. Pop culture has taken over all
cultural institutions. Those who want to systematically make "a lot
of Pop culture" "tolerable" in an institution reach an anti-Pop
cultural condition of the Pop cultural. This would be counter productive. Pop culture is the basis and horizon of aesthetic considerations: it only becomes the normative culture where it combines
intolerability with naively nostalgic projects. Pop culture is
"now". In this sense the institutions cannot get enough of it.
Especially in Germany.

WIE WICHTIG IST DER ASPEKT DES RÄUMLICHEN FÜR EINE KUNSTHALLE?

HOW IMPORTANT IS THE ASPECT OF SPACE FOR A KUNSTHALLE?

JULIANE REBENTISCH, PHILOSOPHIN UND KRITIKERIN /
PHILOSOPHER AND CRITIC, BERLIN

Frage zurück: „Aspekt des Räumlichen" wovon? Der Kunsthalle selbst oder der in ihr präsentierten Kunst? Wäre die erste Frage gemeint, die nach der Wichtigkeit, die dem konkreten Ausstellungsraum für den Betrieb einer Kunsthalle zukommt, so müsste die Antwort wohl auf Aspekte von dessen architektonischer Gestaltung eingehen; und zwar sowohl hinsichtlich ihrer Repräsentativität nach außen wie hinsichtlich ihrer Funktionalität nach innen. Dass dies wichtige Fragen für eine Kunsthalle sind, liegt auf der Hand. Das auszuführen sollte man indes besser Andere fragen. Ist jedoch die zweite Frage gemeint, die nach der räumlichen Dimension der Kunst selbst, so wird diese Frage erst dann zu einer für eine Kunsthalle in einem signifikanten Sinne wichtigen Frage, wenn man den Umstand in den Blick nimmt, dass die avancierte Kunst heute immer einen installativen Aspekt hat. Denn das gilt inzwischen auch für die traditionellen Formate wie Malerei und Skulptur; die Exposition im Raum tangiert auch hier die Bedeutung der Exponate selbst. Das aber heißt dass der Umgang mit dem konkreten Ausstellungsraum zunehmend explizit in den Kompetenzbereich der Künstlerinnen und Künstler selbst fällt: Er ist kein neutraler Hintergrund mehr, vielmehr ist er längst zum künstlerischen Material geworden. Dieser Entwicklung hat eine Kunsthalle heute in ihrer Praxis Rechnung zu tragen. Das betrifft die notwendige Offenheit gegenüber formalen und inhaltlichen Interventionen in den Raum der jeweiligen Institution ebenso wie den Umgang mit den neuen Reibungszonen zwischen künstlerischer und kuratorischer Praxis sowie die vermittelnde Rolle, die der Ausstellungsarchitektur in diesem Zusammenhang zukommt. Solche kunstpraktisch und -theoretisch interessanten Aspekte eines raumreflexiven Kunsthallen-Alltags könnten vielleicht in weiteren, etwas konkreteren „Fragen des Tages" diskutiert werden.

My question: the "spatial aspect" of what? The Kunsthalle itself or the art presented in it? If it is the former, i.e., the importance of the concrete exhibition space for a Kunsthalle's business, then the answer should probably relate to aspects of its architectural design; and then both in terms of its representativeness on the outside and its functionality on the inside. That these are important questions for a Kunsthalle is obvious. In order to get that done however, it would be better to ask others. On the other hand, if the latter is what is meant, i.e., the spatial dimension of the art itself, this question only becomes an important one for a Kunsthalle if you take into consideration that advanced art today always has something of an installation in it. For this now also applies to traditional forms such as painting and sculpture; here too the exposition in the space influences the meaning of the exhibits themselves. This means, however, among other things, that the dialog with the concrete exhibition space falls increasingly explicitly to the ability of the artists themselves. It is no longer a neutral background, but rather has long since become part of the artistic material. A Kunsthalle has to take account of this development in its daily practices today. This applies to the necessary openness in terms of formal and programmatic interventions in the space of the respective institution as well as the dialog with the new zones of friction between artistic and curatorial practices and the role of mediation, which in this context falls to the exhibition architecture. Perhaps interesting aspects such as these on the practice and theory of art that relate to the spatially reflexive daily life of a Kunsthalle could be discussed in other, somewhat more concrete "Questions of the Day".

WIE KANN EINE INSTITUTION WIE DIE EUROPEAN KUNSTHALLE EINE EUROPÄISCHE PERSPEKTIVE ENTWICKELN?

HOW COULD AN INSTITUTION LIKE THE EUROPEAN KUNSTHALLE DEVELOP A EUROPEAN PERSPECTIVE?

CRISTINA RICUPERO, FREIE KURATORIN /
FREELANCE CURATOR, PARIS

Eine Europäische Kunsthalle sollte abenteuerlich genug sein, um - im Sinne eines Labors für die Entwicklung innovativer Möglichkeiten des Schaffens und Ausstellens von Kunst - dazu beizutragen, die Präsentation zeitgenössischer Kunst mittels einer dynamischen Synthese von Forschung, Experiment, Produktion und Kommunikation zu bestimmen. Sie sollte die Kunst selbst als Ausgangspunkt nehmen und sensibel für die eigene Logik von Kunstwerken sein, um neue Wege der Produktion, Präsentation und anderer Maßnahmen für die Entfaltung von Kunst zu entwickeln. Im Gegensatz zum unternehmerischen Modell der Eventkultur sollte sie aufmerksam gegenüber der kulturellen Vielfalt und ihren konflikthaften Stimmen sein und eine politische Zielsetzung verfolgen, die dem Wandel der Auffassungen von Realität und der Realität selbst gerecht wird. Dies kann erreicht werden, wenn man sich mit wichtigen Themen des Tages, wie kontrovers auch immer, auseinandersetzt oder durch vielschichtige und dennoch fokussierte Projekte, die die Aufmerksamkeit des Publikums auf sich ziehen und Einfluss auf allgemeine Ansichten haben. Der Mehrwert einer wirklich innovativen Kunsthalle sollte sein, die Leute zum Nachdenken anzuregen, die Widersprüche zwischen den homogenisierenden offiziellen Narrativen Europas und den tatsächlichen Erfahrungen im städtischen Leben, wo Heterogenität, transkulturelle Einflüsse und Hybridität mehr und mehr zur Norm werden, herauszustellen. Ein enthusiastisches Team sollte kurz- und langfristige Aktivitäten, eine attraktive Buchhandlung, eine gutes Café, einen Ort, der zum Verweilen einlädt, anbieten ohne vom Wesentlichen abzulenken: zu fragen, was Europa heute bedeutet, ein vielschichtiges und komplexes Bild der europäischen Situation zu vermitteln, zu zeigen, dass die kulturelle Vitalität Europas sehr von der multikulturellen Vielfalt und dem konstanten Dialog zwischen den lokalen und globalen Realitäten, profitiert.

A European Kunsthalle should be adventurous enough to help shape the way contemporary art is presented, functioning as a locus for developing inventive modes of creating and exhibiting art as a dynamic synthesis of research, experimentation, production and communication. It should take art itself as a point of departure and be sensitive to the artworks' own logic in order to find new modes of production and presentation and other means for art to develop. In opposition to the event-culture corporate model, attentive to cultural diversity and conflicting voices, its aim should be political in the sense of changing perceptions of reality and reality itself. This is to be achieved by digging into relevant issues of the day, however controversial they might prove at times, through multilayered yet focussed projects capable of attracting the audiences' attention and influencing general attitudes. A European Kunsthalle should therefore actively reflect the surrounding world and function as a meeting point for a great variety of activities in the field of visual culture with its natural crossovers to other areas of interest. The added value of a truly innovative Kunsthalle should be to make people think, to bring out and expose the contradictions between Europe's homogenizing official narratives and the actual experiences of urban life where heterogeneity, cross-cultural influences, and hybridity already are and tend to increasingly become the living norms. A dedicated staff intent in providing short and long-term activities, an attractive bookshop, a fine cafeteria, a space that invites people to spend time should not detract from the main objective: to ask what Europe is today, to convey a rich and complex image of the current European situation, to show that European culture's vitality has much to profit from multicultural diversity and a constant dialogue between local and global realities.

BRAUCHEN WIR NEUE MODELLE FÜR DIE PRÄSENTATION ZEITGENÖSSISCHER KUNST?

DO WE NEED NEW PRESENTATION MODELS FOR CONTEMPORARY ART?

STEFAN RÖMER, KÜNSTLER UND THEORETIKER /
ARTIST AND THEORIST, MÜNCHEN

Eine Formation zeitgenössischer Kunst kann ich mir nur als entweder zeitbasiert oder / und raum-oder ortsbezogen oder / und recherche-oder theoriebezogen denken. Dass alle drei Strukturen in der kunstspezifischen Relation zwischen einem Medieneinsatz und einer Gesellschaft angelegt sind, wird vorausgesetzt. Deshalb ist die Reflexion von Kunst auch auf Medienreflexion anzuwenden. Dabei spielen die einzelnen Elemente hinsichtlich einer aktuellen Fragestellung je unterschiedlich gewichtige Rollen in der Berücksichtigung der Verhältnisse von analog und digital. Der Begriff des „Neuen" folgt dabei einer spezifischen Ökonomie, der auch die Präsentationsformen unterliegen. Eine Forderung nach neuen Präsentationsformen wäre redundant, da der Markt sie automatisch hervorbringt. Mich interessiert mehr, wie diese künstlerisch theoretisiert werden. Dazu konstatierte ich vor einigen Jahren die politische Tendenz vom „White Cube" zum „Ambient" als einer kommerzialisierten Sphäre der kulturellen Unterhaltung.

I can only imagine a formation for contemporary art as either a time-based and/or space or site-specific and/or research or theory-based concept. A prerequisite would have to be that all three structures are applied in the art-specific relation between a media application and a society. For this reason, the reflection of art should also be applied to a media reflection. At the same time, the individual elements with regard to a current level of inquiry and society operate at various levels of importance in terms of digital or analogue. The notion of the "new" follows a specific economy essential to the specific presentation forms. A call for new presentation forms would also be redundant since the market automatically generates them anyway. I am more interested in how these are artistically theorized, a point that I have touched on in a statement I made a few years ago concerning the political tendency toward the white cube ambience as a commercialized, cultural entertainment sphere.

WELCHEN ZUSAMMENHANG GIBT ES ZWISCHEN GALERIEN, IHREN KÜNSTLER/INNEN UND DEN INSTITUTIONELLEN AUSSTELLUNGSMÖGLICH-KEITEN, DIE DIESEN ANGEBOTEN WERDEN?

HOW ARE GALLERIES, THEIR ARTISTS AND THE INSTITUTIONAL EXHIBITION OPPORTUNITIES OFFERED TO THEM CONNECTED?

JULIAN ROSEFELDT, KÜNSTLER /
ARTIST, BERLIN

Das hängt davon ab, zu welchem Zeitpunkt eine Künstlerin / ein Künstler beginnt, mit Galeristen zusammenzuarbeiten. Ich selbst habe das Klischeemodell „Galerist entdeckt auf Akademierundgang talentierten Künstler, baut ihn auf und vermittelt ihn allmählich in Ausstellungsinstitutionen" ahnungslos umschifft, weil ich nach dem (Architektur-)Studium zunächst jahrelang meine Ausstellungen selbst veranstaltete und dadurch direkt das Interesse von Kuratoren ohne den Umweg über eine Galerie weckte. Einen jungen Künstler, der noch wenig ausgestellt hat, kann die Zusammenarbeit mit einer Galerie institutionell jedoch sehr wohl weiterbringen. Ob ein Künstler Karriere macht oder nicht, hängt ja heute davon ab, ob er in einer Art „Branding" vom Quartett aus Kuratoren, Galeristen, Kritikern und zuletzt Sammlern einvernehmlich gehypt wird (wobei die Halbwertszeit seiner Bekanntheit auf dem augenblicklich so boomenden Kunstmarkt immer kürzer wird und so manches Mal das erste Erscheinen seiner Arbeit in diesem Kontext die Frührente einläutet, bevor seine künstlerische Position sich überhaupt erst richtig entfalten konnte). Ich habe den Eindruck, dass Kuratoren heute den früher unvermeidlichen Gang ins Atelier immer öfter erst wagen, wenn sie den Künstler zuvor auf einer der angesagten Kunstmessen über Galerien kennen gelernt haben. Insofern vermitteln Galeristen noch wenig etablierte Künstler heute nicht selten über den Messebetrieb in institutionelle Ausstellungen. Andererseits braucht ein Kurator, der einen Künstler bei Kollegen in irgendeiner Institution gesehen hat und an seiner Arbeit interessiert ist, dessen Galerie nicht, um ihn ausfindig zu machen.

It depends at which point an artist starts working with gallery owners. I personally sailed cluelessly round the cliché à la "gallery owner discovers talented artist while touring the academies, supports him and gradually directs him towards exhibition situations", because initially, after studying (architecture), I organized my own exhibitions for many years, directly arousing the interest of curators without the middleman in the form of a gallery. However, working with a gallery may well promote, in institutional terms, a young artist who has not yet exhibited much of his work. Whether an artist is successful or not usually depends today on whether he is mutually hyped up in a form of "branding" by a quartet of curators, gallery owners, critics and lastly collectors (although, the half-life of his recognition on the currently booming art market becomes ever shorter and thus sometimes the first appearance of his work in that context heralds early retirement, before his artistic position has been able to properly develop at all). I have the impression that curators today increasingly only risk going to an artist's studio, which in the past was an unavoidable part of the process, if they have already met him at one of the designated art fairs via galleries. On the other hand, a curator who has seen an artist with his colleagues at a particular institution and who is interested in his work, does not need the artist's gallery to find out about him.

HABEN DIE SO GENANNTEN „NEUEN MEDIEN" EIN ANDERES PUBLIKUM ALS DIE KLASSISCHEN MEDIEN?

DO THE SO-CALLED "NEW MEDIA" HAVE A DIFFERENT AUDIENCE THAN CLASSICAL MEDIA?

JEAN-CHRISTOPHE ROYOUX, FREIER KURATOR /
FREELANCE CURATOR, PARIS

Wenn mit „Neuen Medien" Computerverfahren, Online-Foren (The Thing) und so weiter gemeint ist, dann bin ich nicht sicher, ob es noch möglich ist, von irgendeiner Art des Publikums zu sprechen. Niemand ist in diesem virtuellen Raum mehr „publik", aber jeder ist ein Teilnehmer. Es gibt niemanden, den man anschauen oder dem man zuhören könnte; die Idee ist, dabei zu sein, Teil zu sein. Das ideale Ziel hierbei ist Demokratie. Der Prozess selbst hat viele unserer Gewohnheiten zu kommunizieren und uns öffentlich zu machen verändert. Wenn allerdings Video und digitale Medien gemeint sind, dann weiß ich nicht, ob es unsere Praktiken als Publikum sehr verändert hat, außer vielleicht dass man in der Zeit, die man ein Bild anschaut, mehr mit sich selbst ist (während der Zeit, die man es anschaut, teilt man es mit niemand anderem). Auf der einen Seite ist man allein, in welchem Raum auch immer, aber in Berührung mit Vielem. Andererseits bist du in der Mitte einer kleinen Menschenmenge, aber allein. Die interessantere Frage wäre aber vielleicht: Was ist neu im Verhältnis von Medien und Medium? Oder: Welche Medien sind dazu bestimmt, uns bei der Neuerfindung unseres Verhältnisses zum Medium zu unterstützen? Welche Verfahren der Übermittlung sind wirklich neu - nicht unbedingt, weil sie technisch neu sind, sondern weil durch sie etwas wieder entdeckt wird, das unsere Bedürfnisse im Hier und Jetzt in sich trägt? … Ist es heute möglich die klassische Frage nach der Geschichtlichkeit eines bestimmten Mediums zu stellen oder kann man all die legitimen Möglichkeiten aller Medien nur noch anerkennen?

If by "New Media" is meant computer proceedings, chat rooms (The Thing) and so on, I am not sure that it is still possible to speak about any kind of audience. Nobody is "public" anymore in that kind of virtual space, but everybody is a participant. Nobody to look at or to listen to; the idea is to be included, to be part of. The ideal aim here is democracy. The process itself has changed a lot of our habits to communicate and to be public. If it is intended to mean video and digital media I am not sure whether it has changed our practice as an audience a lot, except maybe if we consider that to look at a picture in time makes you more inside yourself (you don't share it with anybody during the time you are looking). On the one hand you are alone in whatever place it is but in touch with a lot; in the other you are in a middle of a little crowd but alone. But what would perhaps be more interesting to ask is: What is new in relation to media and medium? Or what media is supposed to help us to reinvent our relation to medium? What kind of mediation is really new - not necessarily because it is technically new but because what is rediscovered through it carries the kind of needs which are now, in our present time, necessary to us? … Is it possible today to ask the classical question of the historicity of a specific medium or is it only possible to acknowledge all the legitimate possibilities of all mediums?

KANN EINE KUNSTHALLE EINE EUROPÄISCHE DIMENSION ENTWICKELN?

IS A KUNSTHALLE ABLE TO DEVELOP A EUROPEAN DIMENSION?

BEATRIX RUF, DIREKTORIN /
DIRECTOR KUNSTHALLE ZÜRICH

Ja klar, fällt einem als erstes natürlich ein. Und dann wird es auch schon schwierig. Eine Kunsthalle, so wie diese Art von europäischem Kunstinstitut bis anhin mit diesem Begriff gefasst wurde, hat meist internationale Kunst an einem spezifischen Ort und in einem spezifischen Kontext einer Stadt, einer Kunstszene zur Diskussion gestellt. Wenn man den Standort und damit auch den Bezug zu einem Ort, einer städtischen Situation, einem lokalen Kontext von Köln oder Bonn oder Berlin und so weiter auf den Standort Europa ausweitet, dann versteht man wohl den Begriff des Standorts oder die Bedeutung des Lokalen in einem anderen Sinne - und positioniert das Zusammenspiel der Institution mit ihrem Kontext in einem kulturell und politisch weiter gefassten Umfeld. Eine Fragestellung, die sich ändert, ist dann vielleicht: Was bedeutet Internationalität (der Kunst) in Bezug zu Köln, und nun neu, was bedeutet Internationalität (der Kunst) in Bezug zu Europa. Vielleicht ist aber die schwierigste Frage dann immer noch: Wie europäisch ist Köln?

Yes of course, is the first thing that comes to mind. And then it becomes difficult. A Kunsthalle, in the sense that this type of European art institution has been understood thus far, has mostly put international art up for discussion at a specific place and in the specific context of a city, an art scene. If you extend the location and therefore also the reference to a place, to an urban situation, to the local context of Cologne, Bonn or Berlin etc. to include the whole of Europe as a location, then you will no doubt have a different understanding of the concept of location or the significance of the local context - and place the interplay between the institution and its context in a wider cultural and political framework. Thus a question, one that changes, would perhaps be: What does internationality (of art) mean with reference to Cologne? And: What does internationality (of art) mean with reference to Europe? But perhaps the most difficult question of all is still: How European is Cologne?

WARUM GIBT ES IN GRÖSSEREN STÄDTEN WIE LONDON, BERLIN ODER NEW YORK KEINE KUNSTHALLEN?

WHY ISN'T THERE A KUNSTHALLE IN BIGGER CITIES LIKE LONDON, BERLIN OR NEW YORK?

-

EDGAR SCHMITZ, KÜNSTLER UND AUTOR /
ARTIST AND AUTHOR, LONDON

Ich bin nicht so sicher, was Berlin, Paris oder New York angeht, wo die Bedingungen spezifisch sind, aber London ist mit Sicherheit durch seine hybride Landschaft kultureller Institutionen in öffentlichen, privaten und kommerziellen Sektoren und den Rückkopplungen, die zwischen ihnen produziert werden, definiert (oder besser gesagt: dadurch undefinierbar). Was aus dieser Melange hervorgebracht wird, ist nicht nur ein großes Angebot unterschiedlicher Arbeitsbedingungen, sondern auch eine Vielzahl von Publikumsgruppen und Sichtbarkeiten. Ihre Dynamiken fließen ineinander über. Darin ist kein Platz mehr für kulturelle oder politische Einflussnahme oder touristisches Vermarktungspotenzial, das mit einer Kunsthalle als exklusiver Träger kultureller Produktion in Verbindung gebracht wird. Jegliche Forderungen nach dem Status eines wiedererkennbaren privilegierten Akteurs verstummen angesichts der schieren Masse der verschiedenen Ausprägungen. Ihre Bedingung wird immer das „plus eine", „eine mehr", „schon wieder eine" sein (was letztendlich eine interessante Position für eine Kunsthalle sein könnte).

I am not so sure about Berlin or Paris or New York where the conditions are specific, but London certainly is defined by (or rather, indefinable because of) its hybrid landscape of cultural institutions across public, private and commercial sectors and the feedback loops produced between them. What is generated by this mix is not only a whole range of different working conditions, but also a multitude of audience clusters and visibilities. Their dynamics spill over into one another. There is no space in this for either the cultural/political leverage or touristic marketing potential associated with the Kunsthalle as exclusive marker for cultural production. Any claims to the status of a recognisable privileged player would be drowned out by sheer mass of differentiation. Its condition would always be the "plus one"/"one more"/"yet another" (which might finally be an interesting position for a Kunsthalle to occupy).

WELCHE RISIKEN BIRGT DIE GLOBALE VERNETZUNG VON MEDIEN FÜR DIE REZEPTION VON KUNST?

WHAT ARE RISKS OF GLOBAL MEDIA NETWORKING FOR THE RECEPTION OF ART?

GEORG SCHÖLLHAMMER, CHEFREDAKTEUR /
EDITOR-IN-CHIEF SPRINGERIN & DOCUMENTA 12 MAGAZINES, WIEN

Sigmund Freud hat einmal gesagt, eine Hungersnot kann man nicht durch das Austeilen von Speisekarten stillen. Das ist ein sehr schönes Bild über das Verhältnis von Texten zur Wirklichkeit. Oft verstellen Ausstellungsmacher den Besuchern das Sehen der Kunstwerke tatsächlich durch unnötige Texte; sie verstellen eine unmittelbare und für jedermann zugängliche Erfahrung. Und allzu oft wird Kunst natürlich auch dazu verwendet eine These, ein Thema, die kuratorische Idee zu illustrieren. Da wird die Kraft der Kunst, die ja gerade auch in der Uneindeutigkeit, in der Widersprüchlichkeit und im Eigensinn der Bilder liegt, dann als etwas dargestellt, das man nach einer Gebrauchsanweisung lesen kann. Dagegen wehren sich nicht nur gescheite AusstellungsbesucherInnen zu Recht, sondern auch gute Kunstwerke. Aber es gibt da auch noch einen Satz von Picasso, der dem Spott einer seiner konservativen Kritiker einmal stolz entgegenhielt, mit seiner Kunst sei es, wie mit dem Chinesischen - und niemand rege sich doch auf, wenn er einen chinesischen Text nicht schon beim ersten Hinschauen oder zuhören verstehe. Um Ihre Frage anders zu beantworten: Man kann die Geschichte der Gegenwartskunst heute nicht mehr als Lokalberichterstatter zwischen New York und Köln oder London und Paris schreiben. Diese Idee von einer Gegenwartskunst, die von ein paar westlichen Zentren dominiert ist, beginnt sich zum Glück aufzulösen. Selbst New Yorks Szene wirkt gegenwärtig manchmal wie die einer Provinz. Heute gibt es viele Kunstzentren und die Kunst dort spricht ihre eigenen Dialekte. Darum haben wir die ExpertInnen für diese Dialekte - AutorInnen und KritikerInnen, KuratorInnen, schreibende KünstlerInnen, die vor Ort in den Redaktionen kleiner und großer Medien arbeiten - gebeten, gänzlich unabhängig von uns, ihre eigene Sicht auf die zentralen Leitmotive der documenta 12 zu entwickeln und dann mit uns zu diskutieren. Gute Texte am richtigen Ort, in einer Publikation, in einem Katalog zum Beispiel, stören gar nicht.

Sigmund Freud once said that you cannot satisfy hunger during a famine by distributing menus. This is a lovely image about the relationship of texts to reality. Often exhibition designers actually obstruct visitors' vision of the artworks with unnecessary texts; they obstruct a direct experience which is open to everyone. And all too often art is of course also used to illustrate a thesis, a theme, a curatorial idea. Then the power of art, which indeed also lies precisely in the ambiguity, in the contradictory nature and in the obstinacy of the images, is presented as something that we can read as if they were instructions for use. Not only perceptive exhibition visitors rightly resist this, but also good artworks. Yet there is also a sentence from Picasso, who once proudly countered the scorn of one of his conservative critics saying that his art was like Chinese art - and no-one gets worked up if they cannot understand a Chinese text on first seeing or hearing it. To answer your question in a different way: Today, we can no longer write the history of contemporary art as local reporters between New York and Cologne or London and Paris. This idea of a contemporary art dominated by a couple of Western centers is thankfully beginning to fade. Even the New York scene sometimes seems provincial at the moment. There are many centers of art today and the art there speaks its own dialects. This is why we have asked the experts on these dialogs - authors and critics, curators,

artists who also write, who work on site in the editorial offices
of small and large media--to develop, completely independent of us,
their own view of the central theme of the documenta 12 and then
to discuss it with us. Good texts in the right place, in a publi-
cation, in a catalog, for example, are no problem at all.

WIE SEHR BEEINFLUSSEN ANDERE (KUNST-) INSTITUTIONEN DAS EIGENE PROGRAMM?

HOW MUCH DO OTHER (ART) INSTITUTIONS INFLUENCE YOUR OWN PROGRAM?

-

BERNHART SCHWENK, KONSERVATOR FÜR GEGENWARTSKUNST /
CURATOR OF CONTEMPORARY ART, PINAKOTHEK DER MODERNE, MÜNCHEN

Ein Museum arbeitet im historischen Kontext einer über Jahrzehnte
gewachsenen Sammlung. Experimentelles Arbeiten steht hier nicht an
erster Stelle. Im Gegensatz zu diesem eher langfristig ausgerich-
teten Denken stellen Kunsthallen und Kunstvereine eine Plattform
für das noch weitgehend Ungesicherte dar. Mut zum Risiko und Fehl-
entscheidungen sind ihrer Arbeit immanent. Beide Wege, mit Gegenwartskunst umzugehen, bauen aufeinander auf. Denn temporäre Ausstellungen sind für das Museum eine entscheidende Grundlage dafür,
künstlerisch Bedeutendes und Bewahrenswertes frühzeitig zu erkennen. Somit beeinflussen die Kunst ausstellenden Institutionen das
Museum nicht nur, vielmehr geht deren Darstellung des zeitgenössischen Kunstgeschehens der Museumsentscheidung unmittelbar voraus.
Bleibt die Frage nach der Unabhängigkeit dieser Entscheidungen.
Auch Museumskuratoren sind persönlich handelnde Individuen. Welches Programm sie im Einzelnen verfolgen, unterliegt ihrer Erfahrung und ihrem Verantwortungsbewusstsein. Demzufolge hängt der tatsächliche Einfluss von reinen Ausstellungsinstitutionen auf die
Museen von der künstlerischen Überzeugungskraft des Gezeigten ab.
Generell gilt: Ist die Arbeit einer Kunsthalle oder eines Kunst-
vereins qualitätvoll, ist auch deren Einfluss auf die Museen entsprechend groß. Übrigens gilt dies auch für das Verhältnis der Museen untereinander. Überzeugende Arbeit findet auch unter Museums-
kollegen Resonanz.

A museum works within the historical context of a collection which
has been built up over decades. Experimental work is not the first

and foremost task here. In contrast to this rather more long-term attitude, Kunsthalles and art associations represent a platform for that which is still largely undefined. Having the courage to take risks and accepting that they will sometimes make wrong decisions is immanent in their work. Both ways of approaching contemporary art build on each other, because temporary exhibitions form a decisive basis for a museum to recognize early on what is artistically significant and worth preserving. Thus art exhibiting institutions not only influence a museum, rather it is much more the case that their portrayal of events in contemporary art directly precedes the museum's decision. Yet the question remains about the independence of these decisions. Even museum curators are individuals who deal on a personal level. Which program they follow down to the last detail depends on their experience and their sense of responsibility. In light of this, the actual influence of purely exhibition institutions on museums is dependent on the artistic power of persuasion of the exhibits. The rule of thumb is that if a Kunsthalle's or art association's work is of a high quality, it has a correspondingly large influence on museums. Incidentally, this also applies to relationships between different museums. Quality work also meets with response from museum employees.

WELCHEN EINFLUSS HAT DIE POLITISCHE SITUATION EINES LANDES AUF DIE ANKAUFSPOLITIK GROSSER KUNSTSAMMLUNGEN?

WHAT IMPACT HAS A COUNTRY'S POLITICAL SITUATION ON THE POLICIES OF PURCHASE FOR MAJOR ART COLLECTIONS?

—

WALTER SEIDL, KURATOR DER KUNSTSAMMLUNG DER ERSTE BANK-GRUPPE / CURATOR OF THE ART COLLECTION OF THE ERSTE BANK GROUP, WIEN

Große Kunstsammlungen versuchen - ähnlich wie staatlich ausgerichtete Ankaufsmodelle mit Kuratoren und Kuratorinnen - an Konzepten zu arbeiten, die einer inhaltlichen Thematik folgen und weniger eine Art „Supermarkt-Kunst-Shopping" betreiben. Natürlich lassen sich bei allen Sammlungen die Einflüsse und Vorlieben der einzelnen KuratorInnen oder Jurymitglieder ablesen, die konkrete Politik des Landes bleibt bei (nicht staatlich subventionierten) Sammlungen jedoch meist außen vor. Konzernsponsoringstrategien und „corporate social responsiblity" sind stets die entscheidenden Gründe für Sammlungspolitiken privater Unternehmen. Im Falle staatlich unterstützter Sammlungen tritt immer auch die nationale Komponente in den Vordergrund, jedoch bleibt die konkrete politische Lage mehr ein Anliegen der Kunstproduktion als der Sammlungsstrategien.

Like state-financed purchase models with curators, large art collections attempt in their policies to focus on a specific topic rather than pursuing a kind of "supermarket art shopping". Naturally, all collections reveal the influences and preferences of individual curators or jury members; however, in the case of non-government sponsored collections the specific politics of the nation involved are normally excluded. Corporate sponsoring strategies and corporate social responsibility are always the major motives behind private companies' collecting policies. However, in the case of state-sponsored collections there is normally a focus on the national component while the specific political situation is more a concern of the art production than the collecting strategies.

WAS SIND DIE HERAUSFORDERUNGEN DES UNTERRICHTENS VON KRITISCHEM DISKURS?

WHAT ARE THE CHALLENGES OF TEACHING CRITICAL DISCOURSE?

SIMON SHEIKH, ASSISTENZPROFESSOR FÜR KUNSTTHEORIE UND KOORDINATOR CRITICAL STUDIES PROGRAM / ASSISTANT PROFESSOR FOR ART THEORY AND COORDINATOR CRITICAL STUDIES PROGRAM, ART ACADEMY MALMØ

Für mich ist die Herausforderung, wie man kritische Theorie in das Denken künstlerischer Praxis implementieren kann, ohne dass das Eine das Andere illustriert. Dies verlangt Prozesse der Übertragung und Übersetzung mit all ihren Veruntreuungen und hoffentlich (gegen-?)produktiven Methoden.

For me, the challenge is how to implement critical theory into the thinking within artistic practice, and not have one illustrate the other. This involves acts of transferal and translation, with all the infidelity this implies, and hopefully in a (counter?)productive manner!

INWIEWEIT MÜSSEN SICH NEU ZU GRÜNDENDE INSTITUTIONEN MIT VERÄNDERTEN GESELLSCHAFTLICHEN BEDINGUNGEN AUSEINANDERSETZTEN?

IN HOW FAR DO NEWLY FOUNDED INSTITUTIONS HAVE TO DEAL WITH NEW SOCIAL REALITIES?

DIRK SNAUWAERT, DIREKTOR / DIRECTOR WIELS, BRUXELLES

So eng wie möglich sollten sich Institutionen mit Gesellschaft und Wirklichkeit auseinandersetzen. Neue Institutionen sind die direkte, fast reflexartige Emanation einer gesellschaftlichen Veränderung. Sonst würde sich die Notwendigkeit einer neuen Antwort auf eine Situation nicht zeigen; die Instrumente und Institutionen der Tradition/Überlieferung würden genügen. Es ist essentiell, sich zu fragen, ob Bedingungen determinierend sind oder ob man sie auch verändern oder subvertieren kann und ob eine Institution da die richtige Antwort ist.

Institutions should occupy themselves with the issues of society and reality as closely as possible. New institutions are the direct, almost reflexive emanation of social change. Otherwise we would not see the necessity of a new answer to a new situation; the instruments and institutions of tradition would be sufficient. It is essential to ask oneself whether conditions are determining or whether they can be changed or subsidized and whether an institution is the right answer.

WARUM SIND DISKURS-ORIENTIERTE AUSSTELLUNGSRÄUME OFFENSICHTLICH WENIG POPULÄR? (ODER SIND SIE ES VIELLEICHT GAR NICHT?)

WHY ARE EXHIBITION SPACES FOCUSING ON DISCOURSE SEEMINGLY LESS POPULAR? (OR MAYBE THEY AREN'T?)

BETTINA STEINBRÜGGE, KÜNSTLERISCHE LEITUNG / ARTISTIC DIRECTOR HALLE FÜR KUNST, LÜNEBURG

Gegenfragen: Sind sie es wirklich nicht? Was bedeutet eigentlich Popularität? Warum sollten diskurs-orientierte Räume überhaupt populär sein? Popularität wird mit Mehrheiten, Publizität oder Einschaltquoten identifiziert. Das kommt daher, dass Öffentlichkeit heute an Marktkriterien gemessen wird. Die Modi von Zugang und Artikulation werden durch die Modi von Warentausch und Konsum ersetzt. Simon Sheikh hat kürzlich darauf hingewiesen, dass die Aufklärung die Ideen des rational-kritischen Subjekts und der disziplinären sozialen Ordnung entwickelte, während diese Ideen mittlerweile durch die Vorstellung von Unterhaltung ersetzt worden sind. Diskurs-orientierte Räume können und sollen dies nicht leisten. Sie haben vielmehr die Aufgabe, sich den Prinzipien des Kunstmarkts und der Eventkultur zu entziehen. Gute Ideen brauchen zumeist länger, bevor sie sich entwickeln und vor allen Dingen bevor sie sich im allgemeinen Denken durchsetzen. Popularität dagegen wird über Schnelligkeit generiert, was nicht das Ziel einer

kritischen Praxis sein kann, die mit dem common sense und der doxa
bricht. Deshalb ist das Populäre auch häufig mit Kurzlebigkeit verbunden. Popularität zu messen ist sehr schwierig, da sie zumeist
von einem unspezifischen Publikum ausgeht. Das Terrain der „öffentlichen" und damit auch „populären" Sphäre ist jedoch imaginär. Die
Idee der universellen bürgerlichen Öffentlichkeit ist ein historisches Konstrukt, und es stellt sich die Frage, ob diese überhaupt
jemals als etwas anderes denn als Projektion existiert hat. Letztlich kann es nur darum gehen, partikulare Öffentlichkeiten herzustellen. Ich halte das Nicht-Populäre für einen wichtigen Ausgangspunkt für eine Diskussion mit nachhaltiger Wirkung. Es ist übrigens NICHT offensichtlich, dass diskurs-orientierte Raume wenig
populär sind, da statistisch gesehen Räume wie zum Beispiel die
Generali Foundation, Wien oder die Kunst-Werke, Berlin oder Veran-
staltungen wie die letzten documenten angesichts der durchschnitt-
lichen Besucherzahlen und der medialen Präsenz ein durchaus großes
Interesse hervorrufen. Auch hier wieder: Ab wann ist etwas messbar
populär? Kriterien bitte!

Counter questions: Are they really less popular? What does popularity actually mean? Why should spaces that focus on discourse be
popular at all? Popularity is identified with majorities, public-
ity and audience ratings. This comes from the fact that today, the
audience is measured according to market criteria. The modes of access and articulation are being replaced by the modes of the exchange of goods and consumption. Simon Sheikh recently suggested
that the Enlightenment developed the ideas of the rational-criti-
cal subject and disciplinary social order, while these ideas have
since been replaced by the notion of entertainment. Spaces focus-
ing on discourse cannot and are not meant to achieve this. Their
task is far more to avoid the principles of the art market and the
event culture. Good ideas mostly need longer to develop and above
all to establish themselves in general thought. In contrast, popularity is generated by quickness, which cannot be the aim of a
critical practice that breaks with common sense and doxa. Therefore, popularity is also frequently linked to brevity. It is very
difficult to measure popularity, because it mostly assumes a non-
specific public. The territory of the "public" and thus also "popular" sphere however is imaginary. The idea of the universal civic
public is an historical construct, and the question arises, whether
this has actually ever existed as something other than a projec-
tion. In the end, it can only involve manufacturing particular audiences among the public. I think that the unpopular is an important starting point for a discussion with long-term effects.

Incidentally, it is NOT obvious that discourse-oriented spaces are less popular, for according to statistics, spaces like, e.g., the Generali Foundation, Vienna or Kunst-Werke, Berlin, or events like the last documenta shows generate huge interest when compared to average visitor numbers and media presence. And here again we can ask ourselves: From which point can something's popularity be measured? Criteria please!

IST DIE VORSTELLUNG VON INTERNATIONALITÄT (IN) DER KUNST EIN MYTHOS?

IS THE IDEA OF INTERNATIONALITY IN / OF ART A MYTH?

-

BARBARA STEINER, DIREKTORIN /
DIRECTOR GALERIE FÜR ZEITGENÖSSISCHE KUNST, LEIPZIG

Als wir Anfang 2003 mit dem zweijährigen Forschungsprojekt „Kulturelle Territorien" begonnen haben, wurde von vielen Seiten eine Marginalisierung unseres inzwischen international etablierten Hauses befürchtet. Dass wir die Internationalisierung dermaßen auf's Spiel setzten und setzen, wird uns, auch zwei Jahre später noch, vorgeworfen. Die Programmatik der Galerie für Zeitgenössische Kunst (GfZK) war, seit den Gründungstagen, deklariert international, wiederholte jedoch auch (unhinterfragt) die tradierte Westbindung dieses Begriffs. Kunst aus dem früheren Ostblock schien hingegen ideologisch belastet und nur so weit akzeptiert als sie sich in diese Vorstellungen von „Internationalität" einpassen ließ. Das Projekt „Kulturelle Territorien" widmete sich nun - auch vor dem Hintergrund der Gründungsgeschichte der Galerie -, explizit und von vorneherein zeitlich begrenzt, den politischen und ökonomischen Implikationen von Kultur und ihrer territorialisierenden Macht. Während im ersten Jahr Klischeevorstellungen, Stereotypen und Projektionen in Zusammenhang mit der Konstruktion „Osteuropa" thematisiert wurden, verfolgten wir das zweite und dritte Jahr gezielt Schwerpunktthemen, die nicht mehr unabhängig von globalen Einflüssen gesehen werden können. Von der Ökonomie, der Identität stiftenden Rolle der Medien, der Raum schaffenden Macht von Sprache über Toleranz beziehungsweise Intoleranz, Migration und Raumverteilungen reichte die Spannweite der künstlerischen Untersuchungen. Dabei haben KuratorInnen und KünstlerInnen mit verschiedenen kulturellen Erfahrungen und Prägungen eng zusammengearbeitet. Ein kleiner Hinweis an dieser Stelle: Die Eingeladenen kamen nicht ausschließlich aus post-kommunistischen Nachfolgestaaten. Die Wucht der Kritik in Bezug auf unsere programmatische Ausrichtung und vor allem ihre stereotype Nachhaltigkeit bis zum heutigen Tag hat mich überrascht, arbeiten wir doch schon längst wieder (auch) mit KünstlerInnen, die alle geforderten Eckdaten von „Internationalität" erfüllen. Ihre Arbeiten werden in ökonomisch potenten und politisch einflussreichen Teilen der Welt gezeigt, diskutiert, gehandelt und gekauft. Jedoch kooperieren wir auch mit KünstlerInnen, die nicht oder kaum in diesen hegemonialen Netzwerken auftauchen und nicht weniger in einem national übergreifenden Austausch stehen. Von welcher Internationalität sprechen wir also? Der Ruf nach Internationalität bedeutet im positiven Sinn ein Versprechen, die lokale / nationale Enge zu durchbrechen. Er strebt einen geistigen und materiellen Austausch jenseits nationaler Grenzen an und setzt auf Aufgeschlossenheit und Weltläufigkeit. Die Forderung nach einer internationalen Kunst ist einerseits Ausdruck einer Sehnsucht nach einer grenzübergreifenden Wertegemeinschaft, verbirgt jedoch andererseits deren hegemonialen Charakter. Wir haben 2003 begonnen, die spezifische Gründungsgeschichte der GfZK als Ausgangspunkt für die neue programmatische Ausrichtung zu nehmen um über ihre Legitimation, ihre Konstruktion, ihre Funktion und Rolle zu sprechen, und eine Debatte über die „Natur von Institutionen" zu beginnen. Auseinandersetzungen mit Vorstellungen von „Internationalität" gehören beinahe zwangsläufig dazu. Auf die Frage „Ist die Vorstellung von Internationalität (in) der Kunst ein Mythos?" antworte ich mit einem klaren Ja. Eine - im utopischen Sinn faszinierende - gesellschaftliche Konstruktion wird zur verbindlichen Tatsache erklärt, und, mit Roland Barthes gesprochen, Geschichte zur Natur.

When we started the two-year research project "Cultural territories" in early 2003, many people from different areas feared a marginalization of our institution, which is now established on an international scale. Even now, two years on, we are still reproached for having put and for putting internationalization on the line to such an extent. Since it was founded, the declared objective of the Galerie für Zeitgenössische Kunst (Museum of Contemporary Art) has been to be international, but has also adopted (unquestioned) this term's traditional association with the West. In contrast, art from the former Eastern Block seemed ideologically charged and only accepted to the extent that it could be reconciled with these ideas of "internationality". Now, the project "Cultural territories" was devoted - against the background of the history of the foundation of

the gallery - explicitly and limited in terms of time from the beginning onwards, to the political and economic implications of culture and its territorializing power. While in the first year,
clichés, stereotypes and projections in connection with the construction "Osteuropa" (Eastern Europe) were used as themes, the
second and third years saw definite focal themes that can no longer
be considered independently of global influences. The artistic ana-
lyses ranged from the economy, the role of the media and how it
creates identity, the space-creating power of language to toler-
ance or intolerance, migration and space allocation. Here, curators and artists with different cultural experiences and back-
grounds worked in close collaboration. A small tip at this point:
Those invited did not only come from post-communist successor
states. The force of the criticism leveled at our program and above
all its stereotypical persistence until the present day has sur-
prised me, and we have indeed long since been working (also) with
artists again who fulfill all the required criteria for "internationality". Their works are shown in economically powerful and politically influential parts of the world, they are debated, trad-
ed and bought. However, we also collaborate with artists who are
not present, or barely present, in these hegemonic networks and are
no less active in national relationships of exchange. So what kind
of internationality are we talking about? In the positive sense,
the call for internationality means a promise to break out of
local / national constriction. It strives for an intellectual and
material exchange beyond national borders and values open-minded-
ness and a cosmopolitan attitude. The call for an international art
is on the one hand the expression of a longing for a community of
values stretching beyond borders, but on the other hand masks its
dominant character. In 2003, we started taking the specific history of the foundation of the Galerie für Zeitgenössische Kunst as
the starting point for deciding the direction of the new program,
to discuss its legitimacy, its construction, its function and role,
and to begin a debate about the "nature of institutions". Investi-
gating ideas of "internationality" are a part of this almost by
necessity. My answer to the question "Is the idea of internationality in / of art a myth?" is a definitive yes. A social construction, a fascinating one in the utopian sense, is declared a hard
fact and, to quote Roland Barthes, history to nature.

WELCHE MÖGLICHKEITEN BIETET DIE EIGENE AUSSTELLUNGSHALLE IN ABGRENZUNG ZUR DAUERLEIHGABE EINER PRIVATEN SAMMLUNG?

WHAT ARE THE BENEFITS OF OPENING YOUR OWN EXHIBITION SPACE AS OPPOSED TO LOANING YOUR PRIVATE COLLECTION TO A PUBLIC MUSEUM?

JULIA STOSCHEK, UNTERNEHMERIN UND KUNSTSAMMLERIN / ENTREPRENEUR AND COLLECTOR, DÜSSELDORF

Grundsätzlich bieten mir meine eigenen Sammlungsräume eine weitgehende Freiheit. Unter anderem auch die Freiheit, das auszustellen, was ich möchte, zum Beispiel bisher noch nicht fest etablierte Künstler. Dass ich diese Freiheiten auch öffentlich zugänglich mache, ist mir dabei ein persönliches Anliegen und ein Angebot an Andere, meine Entscheidungen interessiert und kritisch zu begleiten. Die Aufgaben und vor allen Dingen auch die Pflichten eines öffentlichen Museums sind andere als die eines privaten, und ich würde mir wünschen, dass die öffentlichen Häuser mit den finanziellen Mitteln ausgestattet würden, die es ihnen ermöglichen, ihre klassischen Aufgaben, nämlich zu sammeln, zu bewahren, zu forschen und auszustellen, angemessen erfüllen zu können.

Having my own space for the collection basically gives me a greater range of freedom. Among others, these include the freedom to exhibit what I would like to show, such as artists who have yet to become well-established, for example. My decision to also make these freedoms accessible to the public is a personal request and an invitation to others to follow my decisions with interest and a critical eye. The tasks and above all the duties of a public museum are different than those of a private one, and I would like to see public spaces endowed with the financial resources that would enable them to fulfill their classical duties - namely those of collecting, maintaining, researching and exhibiting - in an adequate way.

WIE WICHTIG IST EIN TATSÄCHLICHER ORT IN EINER STADT FÜR EINE KUNSTINSTITUTION?

HOW IMPORTANT IS AN ACTUAL PLACE WITHIN THE CITY FOR AN ART INSTITUTION?

ANETA SZYLAK, DIREKTORIN /
DIRECTOR WYSPA. INSTITUTE OF ART, GDANSK

Orte sind ein Katalysator. Räumlichkeiten sind ausschlaggebend für das Profil und die Botschaft einer Institution. Natürlich nur, wenn man wirklich einen Raum haben will. Einen Raum zu haben kann auch schnell zur Bürde werden, in künstlerischer und finanzieller Hinsicht. Wenn wir aber annehmen, dass das Gebäude mit dem Begriff der Institution verknüpft ist, ja, dann ist der Ort wichtig. Räumliche Beziehungen und die Kontextualisierung innerhalb eines städtischen Gefüges scheinen zu den am stärksten definierenden Faktoren einer Kunstorganisation zu zählen. Den Ort zu wählen (WENN man die Wahl hat) ist dann nicht nur die Suche nach einer attraktiven Räumlichkeit in der Stadt, sondern beeinflusst auch, was man später tatsächlich dort tun wird. So etwas wie eine neutrale Räumlichkeit gibt es nicht. Man kann die Institution aber auch als von jeglicher Verortung befreites, freifliegendes Projekt begreifen. Leicht beweglich, schnell neu arrangierbar, schwieriger festzunageln. Es ist billiger, überraschender, wahrscheinlich sexyer. Wenn man weiß, wie man es anstellt, nicht in festen und definierten räumlichen Verhältnissen zu arbeiten. Dies verändert die Botschaft einer Institution komplett. Das Fehlen einer räumlichen Definition ist auch eine Definition.

Site is a catalyst. The location is crucial for an institution's profile and message. Of course if one really wants to have a space. Having a space can easily become a burden, both in artistic and economic sense. But if we assume that the building is attached to the notion of institution then, yes, the location is important. Spatial relations and the contextualization within an urban tissue seem to be the most defining factors for an art organization. Choosing the place (IF you have a choice) is then not only the search for an attractive location in the city, but also influences what you will be actually doing. There is no such thing like a neutral location. But you can also see the institution as freed from being placed and tailored to be a floating project. Easily movable, quick to be re-arranged, harder to pin down. It is cheaper,

more surprising, probably sexier. If you know how to do it, how to
not operate in fixed and defined spatial relations. This changes
the message of institution entirely. The lack of a spatial definition is a definition, too.

WIE WICHTIG SIND DIE WECHSELWIRKUNGEN VON INSTITUTIONELLEM GEFÜGE UND KÜNSTLERISCHER PRODUKTION EINER STADT FÜR DIE NEUGRÜNDUNG EINER INSTITUTION FÜR ZEITGENÖSSISCHE KUNST?

HOW IMPORTANT ARE THE MUTUAL RELATIONS BETWEEN INSTITUTIONAL STRUCTURES AND A CITY'S ARTISTIC PRODUCTION FOR THE FOUNDING OF A NEW CONTEMPORARY ART INSTITUTION?

CHRISTOPH TANNERT, DIREKTOR /
DIRECTOR KÜNSTLERHAUS BETHANIEN, BERLIN

Lebendige Austauschbeziehungen zwischen KünstlerInnen und dem Ort,
an dem sie arbeiten, sind das A und O für die Kunstproduktion, egal
ob jemand nun direkt auf das Außen reagiert oder sich bewusst ab-
schirmt. Zwar kann eine freiwillig gewählte Phase der Selbstisola-
tion fruchtbar sein, im Sinne eines künstlerischen Klärungsprozes-
ses, aber kein kreatives Wesen verharrt länger als unbedingt nötig
in einer Rückzugsposition. Auf der anderen Seite ist es völlig egal,
wo KünstlerInnen arbeiten, wenn sie eine Vision haben, die existen-
tiell und thematisch ortsunabhängig realisiert werden kann. Was das
Machtgefüge einer Institution betrifft, so habe ich die Erfahrung
gemacht, dass die Ich-Komplexität heutiger Kunstproduktion Strukturen mehr und mehr von innen her aufbricht und Institutionen zu
durchlässigen Referenzsystemen mutieren lässt. Nur Institutionen,
die ausschließlich an der eigenen Musealisierung arbeiten, bevorzu-
gen ein Inseldasein. Die Hoffnung, unerkannt, unberührt und unbeeinflusst zu bleiben, mag vielleicht mit dem (meines Erachtens
zweifelhaften) Wunsch auf eine wie auch immer geartete Utopiere-
serve zusammenhängen, aber sie ist ein unsoziales Gedankenkonstrukt
und Ausdruck von gravierender Hoffnungslosigkeit.

Lively interrelationships between artists and the place in which they
work are absolutely indispensable to art production, regardless of

whether someone confronts the outside world directly or consciously blocks it. A self-imposed isolation phase can be fruitful in terms of the artistic clarification process, though no creative character maintains a fallback position longer than absolutely necessary. On the other hand, where artists work is totally irrelevant if they have a vision whose realization is both existentially and thematically independent of a certain place. As for an institution's power structure, my experience is that the ego-complex of current art production structures is emerging more and more from within, mutating institutions into permeable reference systems. Only institutions working exclusively toward their own musealization prefer an island existence. The hope of remaining unknown, untouched and uninfluenced may be tied to the (in my opinion dubious) desire for some kind of tenable utopian reserve, but it is an asocial thought construct and an expression of grave hopelessness.

MÜSSEN INSTITUTIONEN ZEITGENÖSSISCHER KUNST SICH DEN BEDÜRFNISSEN IHRES PUBLIKUMS STÄRKER ANPASSEN?

SHOULD CONTEMPORARY ART INSTITUTIONS INCREASE THEIR COMMITMENT TO MEETING THEIR AUDIENCE'S NEEDS?

OLIVER TEPEL, AUTOR /
AUTHOR, KÖLN

„Manche haben es mir übel genommen und gesagt: ‚Der Ruhrberg hat nur deshalb so viele Besucher in der Kunsthalle, weil er Freibier ausschenkt.'" - Als der ehemalige Direktor der Düsseldorfer Kunsthalle, Karl Ruhrberg, diese Worte Renate Buschmann ins Mikrofon sprach, beschrieb er seine Strategien, Ende der Sechziger Jahre neues Publikum an die Kunstorte heranzuführen. Heute scheint es, als sähen viele Institutionen, die Möglichkeiten der Publikumsakquise zur Genüge ausgereizt. Wie sollte man auch locken? - Freie Vernissagen und Bier sichern den Bestand. Sie sind nun Standardrepertoire derer, die sich irgendwann Irgendwem per Besucherzahlen zu rechtfertigen haben. Die notwendige Promotion wird vom Aufmerksamkeitsapparat der Medien erhofft. Seine Vertreter werden umsorgt, denn zumindest deren Ansprüche scheinen kalkulierbar. Was aber wären die

Bedürfnisse des Publikums? - Saubere sanitäre Anlagen? Freibier? Richter oder Rauch an den Wänden? - Die Frage bleibt ein Unding. Wo Journalisten und Finanziers als Stammhalter für das Publikum agieren und die Auswahl das Gezeigten nach künstlerischem sowie finanziellem Ertrag beurteilen, reduziert man die Besucher zur unbestimmten Masse im Dienst machtpolitischer Argumente. Bei weitem nicht jede Institution beherrscht das Spiel mit diesen Einflussgrößen, frei von ihnen ist sie nur in seltenen Ausnahmefällen. So gesehen wäre die tatsächliche Kommunikation mit dem Publikum (am besten abseits stummer Fragebogenroutinen) nahezu ein Akt der Befreiung. Dafür gälte es Wege zu finden. So kämen tatsächliche Bedürfnisse zur Sprache. Gut vorstellbar, dass sie wenig mit den stillen Befürchtungen innerhalb mancher Institutionen gemein haben. Zudem hat die alte Idee von Vermittlung durch Austausch weiterhin ihren Reiz. Und wenn das Publikum gar nicht kommunizieren mag? Dann machen sie einfach so weiter! Im schlimmsten Falle dirigiert von den Vorgaben genannter Stammhalter. Deren Einflussnahme würde ebenso wenig wie basisdemokratische Organisationsprinzipien vor jener Mittelmäßigkeit schützen, der selbst bei größter Unabhängigkeit und aufmerksamen Blick nicht einfach zu entgehen ist. Je nach Organisationsform und Intention muss jede Institution ihren Weg zwischen und inmitten möglicher Einflüsse suchen. Sie kann sich völlig öffnen oder hermetisch verschließen, sie kann strategisch handeln. Doch sollte sie wissen, wer wie Einfluss nimmt und welche Anliegen an sie herangetragen werden.

"Some people resented me for it and said: 'Ruhrberg only managed to get so many visitors to the Kunsthalle by giving out free beer.'" - As the former Düsseldorf Kunsthalle Director Karl Ruhrberg spoke these words into Renate Buschmann's microphone, he was describing his strategies for introducing new audiences to art venues in the late 1960s. Today it appears as though many institutions have exhausted their bag of viewer acquisition tricks. What else could be done to lure them in? - Free openings and beer are a safe bet: meanwhile they've become the standard repertoire for everybody needing visitor counts to justify themselves to somebody. The necessary promotion will hopefully be taken care of by the attention-grabbing media apparatus. Its representatives will also be well looked after, since at least their demands appear calculable. But what is it that audiences need? - Clean sanitary facilities? Free beer? Richter or Rauch on the walls? The question remains a moot one. Wherever journalists and financiers act as stand-ins for the audience and the selection of works shown is evaluated in terms of both artistic and financial revenue, visitors are reduced - to an uncertain degree-to the service of power-political arguments. Though not every institution has mastered this game with influential high-rollers, only the rare exceptions are free from it altogether. Seen in this way, actual communication with the public (best without the silent questionnaire routines) would come close to an act of liberation. New ways of doing this would have to be found, which brings us back to what the actual needs are. It could well be that these bear little in common with the silent apprehensions held by some institutions. Not only that, but the old idea of intermediation through exchange has lost none of its appeal. And if the audience doesn't feel like communicating?-Then they'll just keep it up! Directed by the aforementioned stand-ins' guidelines, in the worst-case scenario. Their exerted influence does just as little to guard against mediocrity as basic democratic organization principles, a mediocrity that is not so easy to avoid even in cases of high-level independence and under a watchful eye. It is therefore up to each institution, depending on the kind of organization and its intention, to choose its own path between and in the midst of possible influences. It can be either completely open or hermetic in nature; it can act strategically. But it should know who is doing the influencing and how, and what kind of requests will be made of it.

WELCHE BESONDERE QUALITÄT HABEN AUSSTELLUNGSKATALOGE ALS TEIL DER GEGENWÄRTIGEN DISKURSKULTUR?

WHAT POTENTIAL DO EXHIBITION CATALOGUES HAVE WITH REGARD TO CONTEMPORARY MODES OF DISCOURSE?

ANNJA THEOBALD, LEKTORIN / EDITOR REVOLVER.
ARCHIV FÜR AKTUELLE KUNST, FRANKFURT AM MAIN

Ein Ausstellungskatalog ist kein Geschäftsbericht. Es kann niemals um eine Reinform der Dokumentation gehen, weder im Text noch im Bild. Ein Ausstellungskatalog kann eine zusätzliche Ebene, ein weiterer Ort für eine Ausstellung sein, Beweggründe und Motivationen skizzieren, Quellen und Material, die Ausstellung in Auszügen und Anschnitten zeigen. Ein Buch ist ein Buch. Es dient der Information und ist dem Inhalt ergeben. Es wandert weiter als eine Ausstellung.

Es trägt Gedanken. Der Geschäftsbericht einer Ausstellung kann manchmal hübsch sein, aber immer leer, bestenfalls eine Legitimation - schlimmstenfalls ein Abfallprodukt. Ein Ausstellungskatalog kann zu gleicher Zeit Fundament wie Firmament sein.

An exhibition catalogue is not a business report. It can never be about a pure form of documentation, neither the text nor the images. An exhibition catalogue can serve as an added layer, a further venue for exhibition, sketch motives and motivations, sources and material, show the exhibition in excerpts and sections. A book is a book. It serves to relay information and is entirely dependent on content. It wanders on as an exhibition. It carries thoughts. An exhibition's business report is sometimes pretty, but always empty, a legitimation at best - a by-product at worst. An exhibition catalogue can be both fundament and firmament at the same time.

SPIELT DIE DISKUSSION UM ZENTRUM UND PERIPHERIE HEUTE NOCH EINE ROLLE?

IS THE DISCUSSION ABOUT CENTRE AND PERIPHERY ANY LONGER IMPORTANT?

-

SUSANNE TITZ, DIREKTORIN /
DIRECTOR MUSEUM ABTEIBERG, MÖNCHENGLADBACH

Faktisch ja. Denn sonst würde dieses Begriffspaar nicht so oft in den Mund genommen. Doch glücklicherweise nicht mehr mit dem mitleidig-arroganten Ton, der früher meist Metropole und Diaspora meinte. Das hängt einerseits damit zusammen, dass sich ein Wissen um die Vergänglichkeit eingestellt hat. Aus Zentren wurden Peripherien, manch unscheinbarer Ort übernahm plötzlich Bedeutung, nichts gilt für die Ewigkeit. Andererseits ist aus der so genannten Peripherie ein ziemlich attraktiver Aufenthalts- und Produktionsort geworden, dessen Qualität in billigeren Mieten, größerer Freiheit oder persönlicher Ruhe liegen kann und dessen Output früher oder später in die so genannten Zentren dringt und diese unter Umständen in Frage stellt. Das moderne Zentrumsdenken - von Paris nach New York, von Köln nach Berlin - ist bereits in den 1960er und 1970er Jahren durch periphere Orte zum Beispiel in Belgien, Deutschland und den Niederlanden mächtig konterkariert worden - dass man bei Metropolbegriffen blieb, erklärt sich auch aus ihrem Mythos. Erst in den 1990er

Jahren endlich wurde Los Angeles entdeckt, dazu kamen zum Beispiel Glasgow und Warschau auf die Landkarte, ebenso Wohn- und Arbeitsorte von Künstlern in Brüssel oder Rotterdam, kuratorische Projekte und neue Ausstellungsadressen in Ljubliana, Danzig, Lüneburg oder Luxemburg, die allesamt zu verstärktem Reisen und permanenter Aufmerksamkeit für neue, meist unbekannte und fremde Orte führten. Eine Peripherie nach der anderen zum neuen Zentrum zu erklären, wäre sicherlich die falsche Entwicklung. Unter Umständen bleiben die belgischen Ardennen eine Region des Ardenner Schinkens, die Polder in den nördlichen Niederlanden eine Inspirationsquelle für hochprozentigen Genever. Der entscheidende Punkt liegt in der erweiterten Wahrnehmung von Kultur, die sich vor den gegenläufigen Zeichen von nach wie vor zentristischen Marketing- und Marktideologien als ein konsequent widerspenstiges und überraschendes Moment erweisen sollte. Daher gilt: „Watch out" in der europäischen Kunsthalle und vermeidet „to be centralistic" in der Betrachtung dessen, was kulturell in Europa und auch anderswo geschieht.

In fact it is. Because otherwise we would not hear this pair of terms as often as we do. Yet, happily, no longer with the sympathetic, arrogant tone that earlier mostly meant metropolis and diaspora. On the one hand, this is linked to the fact that a knowledge of transience has presented itself. Centers became peripheries, some nondescript place suddenly acquired meaning, nothing remains for eternity. On the other hand, the so-called periphery has become quite an attractive place of residence and of production, whose quality can be said to be in cheap rents, greater freedom and personal space and whose output sooner or later penetrates the so-called centers and perhaps questions their validity. Modern ideas of the center - from Paris to New York and Cologne to Berlin - were heavily opposed by peripheral areas, for example, in Belgium, Germany and the Netherlands, as early as the 1960s and 1970s. The fact that people stuck with the concept of the city can also be explained by their mythical quality. Los Angeles was only discovered, finally, in the 1990s, then Glasgow and Warsaw, for example, were added to the map, as were artists' living and working areas in Brussels and Rotterdam, curatorial projects and new exhibition addresses in Ljubljana, Gdansk, Lüneburg and Luxembourg, which all led to increased travel and permanent attention to new, mostly unknown and foreign places. It would certainly be wrong to declare one periphery after the other a new center. The Belgian Ardennes will perhaps remain a region of Ardennes ham, the polders in the northern Netherlands a source of inspiration for Jenever schnapps. The deciding factor lies in the extended perception of culture,

which should prove to be a consistently recalcitrant and surprising element given the fact that centristic marketing and
market ideologies run in the opposite direction. Therefore we
need to watch out in the European Kunsthalle and avoid being centralistic in our consideration of cultural developments in
Europe and elsewhere.

IST DER KUNSTMARKT DEM INSTITUTIONELLEN KUNSTBETRIEB IM HINBLICK AUF INTERNATIONALE VERNETZUNG EINEN SCHRITT VORAUS?

IS THE ART MARKET ONE STEP AHEAD OF THE INSTITUTIONALIZED ART SYSTEM REGARDING INTERNATIONAL NETWORKING?

NICOLAS TREMBLEY, KURATOR UND GALERIST /
CURATOR AND GALLERIST, PARIS

Die Frage ist weit gefasst und sollte konkretisiert werden: Was
genau bedeutet internationales Netzwerken und für wen (Publikum,
KünstlerInnen, KuratorInnen, SammlerInnen)? Sollen wir „Netzwerk"
als ein aktuelles Wissen, als Information über den neusten Stand
der Kunst verstehen? Wenn ja, können der Kunstmarkt und das institutionalisierte Kunstsystem als zwei getrennte Einheiten aufgefasst
werden? Mit Sicherheit nicht. Der Kunstmarkt, der innerhalb der
Netzwerke des Galeriesystems anzusiedeln ist, spielt seine Rolle
im Entdecken und Ausstellen von Kunst traditionellerweise Hand in
Hand mit den Institutionen. Es ist eine Hin- und Rückbewegung:
Kunst kehrt mit einem Wertzuwachs von den Institutionen auf den
Markt zurück. Aber die Ziele des Kunstmarktes sind andere, als die
der Institutionen und wenn es stimmt, dass diese manchmal langsamer
im Netzwerken sind, hängt dies auch damit zusammen, dass sie als
intellektuelle Beobachter fungieren. Das Verdauen und Analysieren
der Informationen braucht mehr Zeit. Der Kunstmarkt hingegen arbeitet voranging mit kleinen Informationseinheiten und kann daher
effektiver vernetzen - wie ein Oktopus. Aber was sagt das aus? Nicht
viel. Der Fall Bilbao war eine wichtige Lehre dafür, wie auf eine
Institution angewandte Marketingstrategien zu einem leeren Gehäuse
werden können. Es bewog die Welt zu verweigern, dass Kunstinstitutionen, entsprechend der Informationen, die sie weitergeben, zu
Shopping-Malls werden - Netzwerke, die sich nicht mehr wirklich mit

Kunst befassen. Kunstinstitutionen müssen neue Wege der Vernetzung finden, die sich von denen des Markts unterscheiden.

The question is broad and should be precised: What exactly means international networking and for whom (public, artists, curators, collectors)? Shall we understand "network" as an up to date knowledge, information on the state of the art? If so, can the art market and the institutionalized art system be summarized in two separated entities? Certainly not. Traditionally the art market located within the networks of the gallery system has always played its role in discovering and exposing hand in hand with the institutions. It is a back and forth movement: art goes back from the institutions to the market with added value. But the goals of the art market are different than the ones of institutions, and if it is right that sometimes institutions are slow with networking, it is because they play the role of intellectual observer and need more time to digest and analyze the information. The art market concerns only a small amount of information and thus might be more efficient in networking - like an octopus. But what does it propose? Not much. The case of Bilbao has been an important lesson on how a marketing strategy linked to an institution became an empty shell. It pushes the world to refuse that art institutions end in shopping malls due to the information spread there - networks that don't really concern art any more. Art institutions will have to find new ways of networking, different to those of the market.

IST EINE KUNSTHALLE IN DER LAGE, EINEN KRITISCHEN GEGENDISKURS ZUM KUNSTBETRIEB ZU ETABLIEREN?

CAN A KUNSTHALLE ESTABLISH A CRITICAL COUNTER-DISCOURSE QUESTIONING THE ART SYSTEM?

JAN VERWOERT, KRITIKER /
CRITIC, BERLIN

Einem kritischen Diskurs Raum zu geben, liegt für eine Kunsthalle bestimmt im Bereich des Machbaren. Kritische Diskurse brauchen Austragungsorte. Nicht umsonst bezeichnet der griechische Begriff „Kriterion" nicht nur das Richtmaß eines Urteils, sondern auch den Ort, an dem der Prozess der Urteilsfindung stattfindet (den Gerichtsplatz). Der Ort Kunsthalle kann also Kriterion sein. Dennoch bleibt die Frage, ob es in der Macht der Institution liegt, Diskurse zu begründen, oder ob nicht eine Institution gerade dann, wenn sie sich als Austragungsort eines Diskurses zur Verfügung stellt, ihre Macht im Sinne einer idealen Gastfreundschaft einschränken sollte. Eigentlich kann die Kritik nur von Gästen, also von Außen, kommen. Aber Gäste kann man nicht „etablieren", nur einladen. Ob sie dann kommen, liegt bei ihnen. Die Kunsthalle ist also auf einen Diskurs angewiesen, von dem sie nie sicherstellen kann, ob er stattfinden wird, selbst wenn es für sie machbar ist, ihm einen Ort zu geben. Dass so ein Diskurs etwas gegen die Betriebsblindheit des Kunstgeschehens ausrichtet und nicht selbst in der allgemeinen Betriebsamkeit aufgeht, lässt sich ebenso wenig im Voraus sicherstellen. Vielleicht kann Diskurs ja genau dadurch nicht zu Betrieb werden, indem man der Etablierung institutioneller Routinen durch die Einladung ungewohnter Gäste immer wieder neu entgegenwirkt.

It is definitely within the power of a Kunsthalle to provide room for critical discussion. Critical discourse needs a venue. It is not for nothing that the Greek term "criterion" not only refers to the standard gauge of a judgment, but also to where the actual trial takes place (where the court is). Thus the place Kunsthalle can be a criterion. Yet the question remains whether the institution is able to establish a discourse, or whether an institution should not, when it offers itself as the venue of the discussion, curb its power in order to play the ideal host. Really, criticism can only come from guests, i.e., from the outside. But you cannot "establish" guests, only invite them. Whether they then come or not is up to them. Thus the Kunsthalle is dependent on a discourse where they can never guarantee that it will take place, even if they are able to provide a venue for it. That such a discussion can achieve anything against the narrow-mindedness of the art business and not get lost in the general frenzy of activity itself is just as hard to predict. Perhaps it is exactly in this way that discourse can avoid becoming business, by continually opposing the establishment of institutional routines by inviting unusual guests.

WELCHE POLITISCHE RELEVANZ KÖNNTE EINE ZUKÜNFTIGE INSTITUTION FÜR ZEITGENÖSSISCHE KUNST BESITZEN?

WHAT KIND OF POLITICAL RELEVANCE COULD A FUTURE INSTITUTION FOR CONTEMPORARY ART HAVE?

–

FLORIAN WALDVOGEL, KURATOR /
CURATOR WITTE DE WITH. CENTER FOR CONTEMPORARY ART, ROTTERDAM

Kulturelle Institutionen sind Bedeutungsträger, mit deren Hilfe auf gesellschaftliche Veränderungen reagiert werden kann. Die Entwicklung solcher Institutionen sollte im idealen Fall mit der Entwicklung der Gesellschaft Schritt halten. Die Platzierung künstlerischer Positionen in einem gesamtgesellschaftlichen Kontext unterstreicht den Versuch, unterschiedliche disziplinäre, theoretische wie methodische Perspektiven zusammenzuführen, um komplexe inhaltliche Fragestellungen erfahren zu können. Wenn es keine Bedeutung gibt, kann es keine Aufnahme geben. Wenn sich die Bedeutung nicht in der Praxis artikuliert, zeigt sie keine Wirkung. Die rasenden Veränderungen der Lebenswelt durch Arbeitsplatz-, Sozialabbau oder Rassismus erzwingen das Bedürfnis nach einer kritischen Rückversicherung. Je mehr die Lebenswelt an politischer Bildhaftigkeit und sozial verdichteter Gestalt verliert, desto wichtiger werden solche Orte der kulturellen Produktion, wo Informationen vermittelt, soziale Integration gepflegt, Selbstorganisation angeregt und politische Artikulationsformen gefördert werden sollen.

Cultural institutions are bearers of meaning which help us respond to social changes. Ideally, the development of such institutions should keep pace with the development of society. Arranging artistic positions within the entire social context underlines the attempt to bring together different disciplinary, theoretical and methodical perspectives, in order to be able to address complex questions. If there is no meaning, there can be no reception. If the meaning does not speak out in practice, it has no effect. The break-neck changes in the world we live in due to job cuts, reductions in social services and racism force the need for a critical check up. The more our world loses political vividness and a condensed social form, the more important places of cultural production such as these become, where information is meant to be communicated, social integration nurtured, self-organization encouraged and forms of political articulation promoted.

WELCHE RAHMENBEDINGUNGEN SIND FÜR DIE PRÄSENTATION UND VERMITTLUNG ZEITGENÖSSISCHER KUNST ESSENTIELL?

WHICH STRUCTURES ARE ESSENTIAL FOR THE PRESENTATION AND MEDIATION OF CONTEMPORARY ART?

ASTRID WEGE, MITGLIED PROGRAMMTEAM EUROPEAN KUNSTHALLE SEIT 2007 / MEMBER PROGRAM TEAM EUROPEAN KUNSTHALLE SINCE 2007, KÖLN

Auch wenn Präsentation und Vermittlung im Sprachgebrauch gerne in einem Atemzug genannt werden: Sie meinen Unterschiedliches. Nimmt man den Begriff der Präsentation, ist es meiner Ansicht nach grundlegend, ihn nicht nur auf bereits Vorhandenes zu beziehen beziehungsweise die Institution dem „Präsentierten" gegenüber als etwas Sekundäres zu begreifen. Entscheidend ist, inwieweit es ihr auch ein Anliegen ist, in engem Austausch mit KünstlerInnen und KulturproduzentInnen neue Wege der Produktion und der (Diskurs) Kultur zu beschreiten und in diesem Sinne Denk-, Handlungs-und Gestaltungsräume zu schaffen. Was die Vermittlung betrifft, ist es, auch wenn dies festzuhalten fast ein Gemeinplatz ist, ausschlaggebend, wo man sich innerhalb des künstlerischen Feldes verorten, welches Publikum man mit welchem Angebot ansprechen möchte. Wichtig ist dabei insbesondere jedoch die Offenheit und die Aufmerksamkeit, die implizit immer vorhandene Vorstellung des „Publikums" durch das tatsächliche Publikum in Frage stellen zu lassen und dies in den eigenen Kommunikationsformen aufzugreifen. Dass für die Entwicklung und Realisierung solcher Überlegungen und Aktivitäten inhaltliche Unabhängigkeit, eine verlässliche finanzielle Ausstattung und Kontinuität essentiell sind, versteht sich von selbst.

Even if people like to say presentation and communication in one breath, they mean different things. Let's take the term 'presentation'. In my opinion, it is fundamental to understand it not only in terms of that which already exists, or the institution as secondary to what is being presented, but the crux of the matter is how far it wants to forge new paths of production and (discourse) culture, in close collaboration with artists and cultural producers, and in this sense, create space for thought, action and design. With regard to communication, even if grasping this is almost a commonplace, it is decisive: where we would like to locate ourselves within the artistic field, which audience we would like to address with which offer. However, it is especially important here to allow the questioning of openness and attention, the idea of the "audience" which is always implicitly evident by way of the actual audience and to take this up in one's own forms of communication. We hardly need to mention that independence in terms of content, reliable financial support and continuity are essential for the development and realization of considerations and activities such as these.

INWIEWEIT IST DAS GRAFISCHE ERSCHEINUNGSBILD VON KUNSTINSTITUTIONEN RELEVANT?

TO WHAT EXTENT IS AN ART INSTITUTION'S GRAPHIC DESIGN RELEVANT?

–

MARKUS WEISBECK, GRAFIKDESIGNER /
GRAPHIC DESIGNER, FRANKFURT AM MAIN & BERLIN

Ja, es ist relevant. Grafische Erscheinungsbilder unterstützen eine Institution nicht nur in ihrer visuellen Signifikanz, sondern sollten darüber hinaus auch die Aufgabe haben, den spezifischen Inhalt des Hauses über das einfache illustrieren hinaus thematisch zu charakterisieren, um in Folge ein geschlossenes System darzustellen.

Yes, it is relevant. Graphic design not only supports the institution in terms of its visual significance, it is also responsible for thematically characterizing institution-specific content in a simply illustrated way, giving the impression of a closed system.

WÄRE EINE DEZENTRALE KUNSTHALLE EINE SINN-VOLLE KONSEQUENZ AUS DEM EUROPÄISCHEN ANSPRUCH AN NEUE KUNSTINSTITUTIONEN?

IS A DECENTRALISED KUNSTHALLE THE ADEQUATE ANSWER TO EUROPEAN DEMANDS FOR NEW ART INSTITUTIONS?

—

AXEL JOHN WIEDER, KÜNSTLERISCHER LEITER KÜNSTLERHAUS STUTTGART UND BUCHHÄNDLER PRO QM / ARTISTIC DIRECTOR KÜNSTLERHAUS STUTTGART AND BOOKSELLER PRO QM, BERLIN

Der Begriff des Europäischen bezeichnet einerseits ja einen konkreten Bezug auf eine politische Gemeinschaft. So könnte der europäische Anspruch, ähnlich wie nationale Präfixe zur Kennzeichnung von nationalen Institution, etwa für das Deutsche Historische Museum, als Repräsentationsauftrag einer Institution verstanden werden. In diesem Sinne wäre die Europäische Union die entsprechende Bezugsgröße, die eben in Köln - warum auch immer, vielleicht wegen der geografischen Lage - oder an einem anderen Ort durch eine Kunsthalle kulturell mit Sinn gefüllt werden könnte. Die Antwort auf die Frage, ob diese Institution nicht eher dezentral organisiert sein müsste, hinge dann von der jeweiligen Konzeption Europas ab, die eben auch die Frage der Repräsentation Europas mit einschließt, oder anders gesagt, die Konzeption einer europäischen Institution sagt immer auch schon etwas darüber aus, wie man sich Europa als politische Entität vorstellt. Andererseits lässt sich der Bezug auf Europa im Sinne eines Größenmaßstabes lesen. Das Gegenteil wäre vermutlich eine regionale Kunsthalle. Als Institution von gesamteuropäischer Bedeutung würde eine europäische Kunsthalle ein größeres Publikum ansprechen und nicht zuletzt einen relevanten Standortvorteil darstellen. Sie dezentral zu organisieren würde diesen Mechanismus nicht unbedingt durchqueren, sondern unter Umständen sogar noch verstärken, wie ähnlich auch die Flexibilität der Manifesta bislang ihren Festival-Charakter nicht verhindert, sondern vielmehr noch effektiver gemacht hat. Ein stabiler Standort könnte dagegen die Möglichkeit bieten, eine längerfristige Auseinandersetzung zwischen lokalen und europäischen Diskursen zu etablieren. Ich denke, dass sich die Konzeption einer auf Europa zielenden Institution zwischen diesen beiden Kraftfeldern orientieren muss, weniger im Sinne einer eindeutigen Verortung, sondern vielmehr, um einen beispielhaften und konkreten Ort der Verhandlung bereitzustellen, auch was ihre Organisationsform betrifft. Im Idealfall stünden beide Optionen und alle Möglichkeiten zwischen diesen zur Verfügung, wie es ja in zeitgenössischen Institutionsformen, beispielsweise durch Kooperationen, bereits tatsächlich der Fall ist.

On the one hand, the concept of 'European' denotes a concrete reference to a political community. In this regard, the European demand, similar to national prefixes used to identify national institutions, for the Deutsches Historisches Museum, for example, could be understood as a prestigious contract for an institution. In this sense, the European Union would be the corresponding reference point, which could be given cultural meaning by way of a Kunsthalle even in Cologne, for whatever reason, maybe its geographical location, or in another place. So the answer to the question whether it would not be better if this institution were to be decentrally organized would then depend on the prevailing view of Europe at the time, which, in fact, also involves the question of the representation of Europe, or in other words, the concept of a European institution also always says something about how we see Europe as a political entity. On the other hand, the reference to Europe can also be interpreted in the sense of a scale. The opposite would presumably be a regional Kunsthalle. As an institution of full-scale European significance, a European Kunsthalle would address a larger audience and not least prove a relevant advantage in terms of location. Decentrally organizing it would not necessarily cut across this mechanism, but would possibly even strengthen it, as the flexibility of the Manifesta thus far has similarly not hindered its festival character, but rather made it much more effective. In contrast, a stable location could offer the chance to establish a more long-term dialog between local and European discourses. I think that a Europe-oriented institution has to place itself between these two force fields, less in the sense of a definite location, but much more in order to provide an exemplary and concrete place to do business, also in terms of its organizational form. In the ideal case, both options and all possibilities in-between would be available, as is actually already the case with contemporary forms of institutions, for example, by means of partnerships.

VOM KURATOR ZUM GALERISTEN – WELCHE VORTEILE SIEHST DU IM AKTIONSFELD KUNSTMARKT GEGENÜBER DER ARBEIT AN EINER INSTITUTION?

FROM CURATOR TO GALLERIST - WHICH ADVANTAGES DO YOU SEE IN WORKING FOR THE ART MARKET AS OPPOSED TO WORKING FOR AN ART INSTITUTION?

-

JAN WINKELMANN, GALERIST /
GALLERIST, BERLIN

Zunächst einmal unterscheiden sich Galeristen von Kuratoren grundsätzlich gar nicht so sehr, wie man gemeinhin annimmt, denn sowohl Kuratoren wie auch Galeristen sind vor allem Eines: Vermittler. Sie arbeiten beide an vorderster Front und bilden die Schnittstelle zwischen Künstler und Publikum. Kuratoren und Galeristen leisten eine Form von Basisarbeit, indem sie für künstlerische Positionen Öffentlichkeit herstellen. Allerdings unterscheiden sich hierbei die Rahmenbedingungen. Die verschiedenen Parameter im Spannungsfeld ökonomischer Notwendigkeiten und programmatischer Stringenz sinnvoll und sinnstiftend zusammen zu führen ist dabei das Ziel und gleichzeitig eine komplexe Herausforderung. Mit Sicherheit der spannendste Aspekt in meiner neuen „Rolle" ist die Tatsache, dass die Tätigkeit als Galerist es mir ermöglicht, eine künstlerische Entwicklung über einen längeren Zeitraum und unmittelbarer zu verfolgen, als es einem Kurator naturgemäß möglich ist. Die intensive inhaltliche Auseinandersetzung und vor allem der damit verbundene lang anhaltende Dialog mit den Künstlern der Galerie stellt für mich einen der wesentlichen Vorteile gegenüber der institutionellen Tätigkeit in meinem „früheren Leben" dar.

First of all, gallerists and curators aren't as fundamentally different as commonly assumed, both curators and gallerists are first and foremost one thing: an intermediary. Both work on the front lines and act as an interface between artists and the public. Curators and gallerists lay a kind of groundwork by creating a public for artistic positions, though the basic framework is different for each. Dealing with various parameters in the tension-charged area between economic necessity and programmatic precision in a sensible and meaningful way is both a goal and a complex challenge. The most interesting aspect of my new "role" would definitely be the fact that, as a gallerist, I am able to follow an artistic development more directly and over a longer period of time than a curator naturally could. This intensive examination with regards to content and above all the long-term dialogue with the gallery's artists that it entails constitute one of the most significant advantages I see as compared to the institutional work I did in my "former life".

WELCHE CHANCEN BIETET DIE ANBINDUNG AN EINE UNIVERSITÄT FÜR EINE INSTITUTION ZEITGENÖSSISCHER KUNST?

WHICH CHANCES OFFERS AN INSTITUTION FOR CONTEMPORARY ART CONNECTED TO A UNIVERSITY?

-

RENÉ ZECHLIN, KURATOR /
CURATOR LEWIS GLUCKSMAN GALLERY, CORK

Besonders im Bereich der zeitgenössischen Kunst wird immer wieder die Kontextbezogenheit betont. Immer mehr Ausstellungen zeitgenössischer Kunst widmen sich gesellschaftlichen, politischen, im weiteren Sinne wissenschaftlichen Themen. Das Problem ist oft nur, dass Kuratoren die Themen in ihrer Tiefe und auf dem Stand der Zeit oft nicht übersehen und vermitteln können. Was gibt es daher für einen besseren Ort für zeitgenössische Kunst als die Universität? Hier finden sich vielfältige Möglichkeiten einer Symbiose von Wissenschaft und Kunst. Innerhalb einer Universität kann unverbindlich an verschiedenen Instituten zu bestimmten Themen angefragt werden, ohne Kooperationsverhandlungen aufzunehmen oder falsche Erwartungen zu schüren. Projekte können frühzeitig diskutiert, entwickelt, aber auch fallen gelassen werden. Kunst kann zu einem integralen Bestandteil des universitären Lebens werden. Neben diesem wissenschaftlichen Aspekt ist eine Universität aber auch ein Mikrokosmos, der Gesellschaft in seiner gesamten Bandbreite abbildet. Dies ist sowohl für potenzielle künstlerische Projekte als auch bezüglich der Publikumsstruktur interessant. Die Gefahr einer Abkapselung von der nicht-universitären Öffentlichkeit oder gar der Elitisierung ist meiner Ansicht nach nicht gegeben. Wenn die Institution durch ihre Lage in der Stadt und der Universität einer größeren Öffentlichkeit zugänglich ist, kann sie im Gegenteil eine

Öffnung der Universität nach außen darstellen. Dies ist auch ein Grund, weshalb die Lewis Glucksman Gallery am University College Cork neu eröffnet wurde, zu einer Zeit, da Universitäten eher versuchten ihre Ausstellungshäuser wieder abzustoßen. Das Modell der University Gallery ist international weit verbreitet, in Deutschland jedoch kaum bekannt. Der Ursprung der Idee liegt tatsächlich in der Anerkennung von Kunst als Bildungsgut, das allen Bereichen der Universität zugute kommt.

Particularly in the area of contemporary art, the importance of context is emphasized time and again. An increasing number of contemporary art exhibitions are being devoted to social, political, generally speaking scientific themes. The problem is frequently that curators cannot often examine and mediate the topics in depth and in an up-to-date manner. So what better place for contemporary art than a university? Here there are multiple possibilities for a symbiosis of science and art. Within a university you can freely ask any number of institutions about particular themes without entering into partnership negotiations or harboring false expectations. Projects can be discussed, developed and also dropped in good time. Art can become an integral part of university life. Alongside this scientific aspect, a university is also a microcosm, a representation of society in all its variety. This is interesting both for potential artistic projects and in terms of the social structure of students. In my view, there is no danger of isolation from those members of the public that have not been to university or even the formation of an elitist clique. On the contrary, if the institution is accessible to a larger public by way of its position in the city and the university, it can represent an opening up of the university to the outside. This is also why the Lewis Glucksman Gallery at University College Cork has been reopened, at a time when universities are rather trying to get rid of their exhibition houses again. The University Gallery model is known all over the world, yet hardly known at all in Germany. The idea actually originates in the recognition of art as an educational asset that benefits every part of the university.

SIND BEI DEN SCHRUMPFENDEN ÖFFENTLICHEN ETATS IN EUROPA ÖFFENTLICH FINANZIERTE INSTITUTIONEN NUR NOCH DURCH AUSSEREUROPÄISCHE KOOPERATIONEN IN DER LAGE, INTERKULTURELLE AUSSTELLUNGEN ZU KONZIPIEREN, ZU FINANZIEREN UND DANN AUCH DURCHZUFÜHREN?

CAN INSTITUTIONS FUNDED BY THE PUBLIC – IN REGARD TO SHRINKING PUBLIC BUDGETS – CREATE, FINANCE AND PRODUCE INTERCULTURAL EXHIBITION PROGRAMS ONLY WITH SUPPORT BY NON-EUROPEAN PARTNERS?

URSULA ZELLER, LEITERIN DER ABTEILUNG KUNST DES INSTITUT FÜR AUSLANDSBEZIEHUNGEN / HEAD OF THE ART DEPARTMENT OF THE INSTITUTE FOR FOREIGN RELATIONS, STUTTGART

Die seit Jahren schrumpfenden Etats der öffentlich finanzierten Institutionen in Europa stellen diese in der Tat vor große Probleme. Dies gilt weniger für die ganz großen Institutionen, deren Blockbuster-Ausstellungen für Sponsoren und ein breites Publikum attraktiv sind und dadurch einen hohen Finanzierungsgrad erreichen. Es trifft eher die mittleren und kleinen Institutionen sowie die freien Initiativen, die im interkulturellen Bereich tätig sind. Hier ist wegen der geringeren Publikumsresonanz Sponsorengeld nicht so leicht zu akquirieren. Ein Ausweg bietet tatsächlich die Finanzierung über außereuropäische Kooperationen - allerdings nur, wo auch finanzkräftige Förderagenturen tätig sind. Die Asia Europe Foundation bietet mit ihren Aktivitäten und Unterstützungsmöglichkeiten hier ein gutes Beispiel. Finanziell „lohnt" es sich aber nicht, mit außereuropäischen Ländern zusammen zu arbeiten, hinter denen keine solchen Finanziers stehen. Da bleibt dann nur, die wenigen Mittel, die jeder hat, zusammenzuwerfen und in einer Kooperation möglichst synergetisch einzusetzen. Das funktioniert jedoch zwischen Partnern innerhalb wie außerhalb der EU gleich gut.

It is indeed the case that the shrinking budgets publicly funded institutions in Europe have received in recent years have meant major problems for the latter. This is less so for the very large institutions, whose blockbuster exhibitions attract sponsors and a broad public, and consequently achieve a high funding level. It is more a problem for the mid-sized and smaller institutions and the independent initiatives active in the intercultural area. In such cases the less enthusiastic public response makes it harder to find sponsors. One alternative is funding via non-European cooperations - however, only when financially strong sponsoring agencies are also active. A good example of this is the Asia Europe Foundation which offers such support. However, it is not worthwhile financially to cooperate with non-European nations that do not have such strong backing. In such instances the only option is to pool the scant funds that everyone has for a cooperation that makes the most of synergy effects. Such cooperations function equally well between partners inside and outside the European Union.

WELCHEN GESELLSCHAFTLICHEN ORT KANN EINE KUNSTHALLE HEUTE BESETZEN?

WHICH SOCIETAL SPACE CAN A KUNSTHALLE OCCUPY?

–

GESA ZIEMER, PHILOSOPHIN UND STELLVERTRETENDE LEITERIN INSTITUT FÜR THEORIE / PHILOSOPHER AND DEPUTY DIRECTOR OF THE THEORY DEPARTMENT, HOCHSCHULE FÜR GESTALTUNG UND KUNST, ZÜRICH

Eine Kunsthalle kann Gesellschaften kritisch reflektieren wie es zu bestimmten Zeiten bestimmte Universitäten taten. Da es in den und um die Universitäten (zumindest im deutschsprachigen Raum) sehr ruhig geworden ist, fehlen Orte des öffentlichen, konträren Diskurses. Es sind Orte der Kritik, wobei man sich genau überlegen muss, was Kritik als die Kunst des Beurteilens heute überhaupt noch bedeutet. Ich wünsche mir, dass die Kritik aus ihren supermarginalisierten Räumen heraustritt und ihren Spezialistenslang ablegt. Sicher ist, dass kritische Reflexion in einer Kunsthalle niemals akademisch geführt werden kann, sondern in verschiedenen Medien, mit den unterschiedlichsten Menschen, immer in Verbindung mit der Kunst- aber auch Alltagspraxis. Ganz banal formuliert: Bei der Programmflut künstlerischer und diskursiver Aktivitäten, die mich täglich überschwemmt: Wann bemerke ich, dass eine Kunsthalle nicht nur ein Ort der Kunst, sondern auch ein gesellschaftlicher Ort ist? Wenn es den KuratorInnen gelingt, zu einem bestimmten Thema (gar These - ja, ich freue mich über Thesen!), vielversprechende Konstellationen herzustellen - zwischen Kunst, Theorie, Politik, Wirtschaft etc. Wenn nicht über Kunst, sondern über Gesellschaft nachgedacht wird.

A Kunsthalle can be just as much a place for critical reflection on society as certain universities have been at given points in time. Since the universities (at least in German-speaking countries) have become extremely quiet in this regard, there are few places for this kind of public, divergent discourse. There are places for criticism, though you also have to consider what criticism in terms of the art of evaluation even means anymore. I wish criticism would emerge from its super-marginalized position and rid itself of its expert jargon. To be sure, critical reflection taking place in a Kunsthalle could never be academically led, but rather through various media, a mixed range of people, always connected to art but also everyday practice. In other words: Given the program-flood of artistic and discursive activities with which I am constantly inundated: When do I notice that a Kunsthalle is not only an art venue, but also a social space? When the curator succeeds in building a promising constellation around a certain subject (or even thesis - yes, I'm always happy to see theses!) - between art, theory, politics, economics, and so on. When it's not art that is up for reconsideration, but society.

IMPRESSUM / COLOPHON

DIE FRAGE DES TAGES /
THE QUESTION OF THE DAY

VERLAG / PUBLISHER
Sternberg Press

Dokumentiert das gleichnamige
Projekt auf der Homepage /
Documents the same titled project on
www.kunsthalle.eu
(1.10.2005 - 31.07.2007)

© 2007 AutorInnen / Authors
European Kunsthalle, Sternberg Press

KONZEPT UND FRAGEN /
CONCEPT AND QUESTIONS
Nicolaus Schafhausen,
Vanessa Joan Müller,
Julia Moritz

HERAUSGEBER / EDITORS
Nicolaus Schafhausen, Julia Moritz

REDAKTION / EDITING
Nicolaus Schafhausen, Julia Moritz

ÜBERSETZUNGEN / TRANSLATIONS
Jeremy Gaines, Amy Patton

GESTALTUNG / DESIGN
Studio Florian Lambl,
Florian Lambl, Marika Lorenzato

DRUCK / PRINTING
Pinguin Druck, Berlin

DANK / THANKS
AutorInnen / Authors, Vanessa Joan Müller,
Vorstand Das Loch e.V. / Board Das Loch e.V.,
Meyer Voggenreiter, Caroline Schneider, Florian Lambl,
Amy Patton sowie / and Marika Lorenzato,
Tatjana Günthner, Phillip Zach, Robert Aust,
Kasper Akhoj, Julia Höner, Nina Köller

SternbergPress

Sternberg Press
Karl-Marx-Allee 78, D-10243 Berlin
1182 Broadway #1602 New York, NY 10001
www.sternberg-press.com

ISBN 978-1-933128-29-0

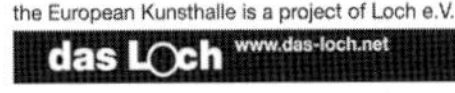